Dados Internacionais de Catalogação na Publicação (CIP)
(Câmara Brasileira do Livro, SP, Brasil)

Brasileiro, Marislei Espíndula
O guardião do tempo / Marislei Espíndula
Brasileiro. - Catanduva, SP : Instituto
Beneficente Boa Nova, 2009.

ISBN 978-85-99772-27-0

1. Romance histórico brasileiro I. Título.

09-04395
CDD-869.93081

Índices para catálogo sistemático:
1. Romances Históricos: Literatura 869.93081

Impresso no Brasil/Presita en Brazilo

O Guardião do Templo

Marislei Espíndula Brasileiro

Instituto Beneficente Boa Nova
Entidade coligada à Sociedade Espírita Boa Nova
Av. Porto Ferreira, 1.031 - Parque Iracema
Catanduva/SP | CEP 15809-020
www.boanova.net | boanova@boanova.net
Fone: (17) 3531-4444

2ª edição
Do 5º ao 7º milheiro
2.000 exemplares
Março/2010

© 2010 by Boa Nova Editora

Capa
Direção de arte
Francisco do Espírito Santo Neto

Designer
Jéssica Ferreira Sales

Revisão
Maria de Lourdes Pio Gasparin

Diagramação
Jéssica Ferreira Sales

Coordenação Editorial
Júlio César Luiz

Todos os direitos estão reservados.
Nenhuma parte desta obra pode ser reproduzida
ou transmitida por qualquer forma e/ou quaisquer
meios (eletrônico ou mecânico, incluindo fotocópia
e gravação) ou arquivada em qualquer sistema ou
banco de dados sem permissão escrita da Editora.

O produto da venda desta obra é destinado à
manutenção das atividades assistenciais da
Sociedade Espírita Boa Nova, de Catanduva, SP.

1ª edição : Maio de 2009 - 5.000 exemplares

DEDICATÓRIA

Dedico esta obra ao nobre escritor e adorável esposo Emídio Brasileiro, trabalhador incansável da Doutrina de Cristo; aos nossos amados filhos Vinícius Espíndula Brasileiro e Jenucy Espíndula Brasileiro.

HOMENAGENS

Aos ilustres amigos Antonio Cassiano da Cunha, Pedro de Souza Cunha Júnior, Celso Maiellari; aos generosos e amáveis Freis Capuchinhos, pela valiosa colaboração bibliográfica; à memória de "Olhos de Águia", com certeza, cheio de vida e sabedoria onde estiver.

AGRADECIMENTOS

Aos nobres amigos Dr. Luiz Gonzaga e Doraci de Alvarenga; aos escritores e educadores Ademir Dias Pereira, Getúlio Gonçalves Pontes, Maria Rita de Sousa Silva, Nilamar de Sousa Espíndula e Niusley de Sousa Rosa Espíndula, pelo apoio e pelas análises críticas de nossas obras.

DEDICATÓRIA

Dedico esta obra ao nobre escritor e amora, el esposo Emídio Brasileiro, idealizador inspirad... el da Doutrina de Cristo aos nossos amigos filhos Vinícius Espíndula Brasileiro e Jeaucy Espíndula Brasileiro.

HOMENAGENS

Aos ilustres amigos Antônio Cássiano de Carnar, Pedro de Souza Cunha Júnior, Celso M. Pellari, nos generosos e amáveis Freis Capuchinhos, pela valiosa colaboração bibliográfica à memória de "Olhos de Água", com certeza, cheio de vida e sabedoria onde estiver.

AGRADECIMENTOS

Aos nobres amigos Dr. Luiz Gonzaga e Doraci de Alverenga, aos escritores e educadores Adamir Dias Pereira, Gentílio Gonçalves Pontes, Maria Rita de Sousa Silva, Nilamar de Sousa Espíndula e Nivaldo de Sousa Rosa Espíndula, pelo apoio e pelas análises críticas de nossas obras.

SUMÁRIO

Prefácio	09
Prelúdio	11
A Pitonisa	17
Atenas	21
O Discípulo	29
Amigos Monges	37
O Templo de Delfos	45
Trágica Profecia	51
Uma Medalhão de Presente	59
O Professor	65
O Asceta	73
Sagrado Chamamento	81
O Portal da Vida	91
Inimigos da Razão	99
Verdadeiros Invasores	107
Discreta Caridade	123
Covarde Massacre	131
Da Órfã para os Órfãos	135
O Concílio de Constantinopla	141
A Vulgata	155
O Mago	159
Sinistras Previsões	165
O Prefeito	175
O Caçador de Heresias	179
Interesses Escusos	185
O Imperador é Punido	191
A Jovem Imperatriz	195
O Bispo e o Imperador	203
A Voz do Sábio	207
Assim Falam os Santos	213
Amor Proibido	217
Perseguidores e Perseguições	223
Santo ou Herege	233
O Incêndio	239
Unidos para Sempre	247
Verdadeira Felicidade	255

PREFÁCIO

A autora desta obra sublime, Marislei Brasileiro, proporcionou-me uma viagem maravilhosa aos séculos IV e V d.C. ao permitir que lesse em primeira mão O Guardião do Templo. A querida escritora, através de sua percepção aguçada, desvendou a personalidade de grandes santos que viveram nos primeiros séculos do Cristianismo, com fidelidade nunca antes imaginada, trazendo, até o presente, exemplos valiosos de coragem, fé e amor ao próximo.

No templo das lutas internas, Alexandre espelha os extremos opostos entre as regras da vida e da morte. Olímpia e João Crisóstomo são personagens que refletem com muita propriedade a Lei de Amor, vivendo a renúncia de si mesmos em prol dos irmãos menos favorecidos, a doação total e obedecendo fielmente aos princípios cristãos. Cirilo, constantemente inconformado com sua situação de eunuco e vencido pelo egoísmo, lançou mão de meios escusos para atingir os seus objetivos – retirar do seu caminho os obstáculos que o impediam de atingir o coração de sua amada Olímpia. No entanto, toda criatura traz no interior do seu ser a essência do Eterno. Essa é a chama que se acende no íntimo de Cirilo nos últimos instantes de vida, nos braços de sua amada, implorando perdão e compreensão. E será Alexandre, seu irmão, que se tornará "O Guardião do Templo", a fim de manter intactas as verdades eternas.

Nesse cenário dos séculos IV e V, o Cristianismo tentava impor-se. O povo não sabia ao certo o que era real ou imaginário. O monoteísmo queria estabelecer-se entre os romanos, ainda politeístas. Uma nova guerra se armava: a filosófica. Os principais assuntos discutidos não eram diferentes dos de hoje, e a ignorância, assim como atualmente, tentava sobrepujar a sabedoria com a brutalidade e a opressão. Eram longamente discutidas as questões sobre a maternidade e a virgindade de Maria, as concepções de Pai, Filho e Espírito Santo e o tema que tanta polêmica gerou, persistindo nos tempos atuais – a Reencarnação – apregoada por Sócrates e Platão, reafirmada por Jesus e defendida, com a vida, por Orígenes.

Marislei é uma grande estudiosa do Cristianismo, esposa dedicada, mãe amorosa, profissional extraordinária no campo da educação e escritora de talento, que nos fará viajar até Constantinopla e viver, com emoção, ensinamentos tão profundos e úteis às nossas almas. Artisticamente sensível, seu estilo rico de detalhes, sua forma objetiva de conduzir ideias, imbuída de objetivos maiores, encontra meios de, ao penetrar no "túnel do tempo", atingir uma época em que o Planeta presenciava uma luta silenciosa entre as trevas e a luz, entre o bem e o mal.

É chegada a hora; o mundo já está preparado para receber tais informações.

Maria Amélia Melo Mendes de Lima[1]

---

[1] Maria Amélia Melo Mendes de Lima é diretora do CEAGESP (Centro de Artes de Grupos Espíritas), onde acontecem pesquisas científicas referentes à arte. Fundou junto a grupos religiosos o Grupo de Assistência Maria de Nazaré, com assistência a idosos, alfabetização de adultos e evangelização junto aos pacientes do Hospital das Clínicas e assistência gratuita a crianças deficientes físicas e mentais. É dotada de psicopictoriografia, promovendo, com sua pintura mediúnica, a difusão da arte espírita.

PRELÚDIO

O maior incentivo: a gratidão.
Emídio Brasileiro[2]

Era minha primeira viagem ao Oriente e o navio acabara de aportar no cais de Istambul, importante cidade da Turquia.

Como correspondente especial do jornal, estava ansiosa por começar a escrever e, principalmente, por conhecer as maravilhas que somente a arte milenar oriental é capaz de proporcionar.

A Turquia e a Grécia seriam meu reduto, e como recém-contratada teria de dar o máximo de mim, a fim de cobrir fatos e enviar notícias interessantes e "quentes" para o meu exigente editor. Isto porque uma revolução estava acontecendo neste lugar. Os jovens saíam às ruas para requerer a modernização dos costumes. Eles lutavam pela abolição do sultanato, do califado e da poligamia, pelos direitos do casamento civil ocidental e do voto às mulheres.

O cameraman logo chegaria com o equipamento. Que mais poderia querer uma jovem jornalista além de ser enviado especial da imprensa respeitada, uma porta-voz internacional do Mundo Antigo? Minha grande paixão sempre fora o Oriente!

---

[2] Emídio Sílva Falcão Brasileiro é escritor, pesquisador, orador, professor universitário e advogado. Autor de inúmeros sucessos literários, entre eles Sabedoria; Um dia em Jerusalém; A Caminho do Deserto; O Livro dos Evangelhos; Sexo, Problema e Soluções; O Sexo Nosso de Cada Dia; A Outra Face do Sexo; 400 Maneiras de Ser Emocionalmente Inteligente, e outros.

Espero que no próximo ano me enviem para o Egito ou – quem sabe? – para a Índia.

O navio aportou no cais de Istambul, importante cidade da Turquia.

Naquela manhã, faria uma conexão de dois dias, com intuito de conhecer o local. Aproveitaria para visitar as mesquitas, os hábitos sociais e tudo o mais que enriqueceria uma redação e daria um toque de classe à reportagem.

Um guia encaminhava-me para um hotel, onde estavam minhas malas, e onde passaria os próximos meses. Ele se esforçava para ser compreendido, mas seu português era péssimo e eu quase não o entendia. Melhor seria se falássemos o turco ou mesmo o inglês, mas ele insistia em querer aprender um idioma falado no outro lado do mundo.

Como em toda cidade muçulmana, as mulheres andavam nas ruas, cobertas por mantos negros, deixando à vista somente os olhos. No entanto, algumas delas cobriam apenas os cabelos, deixando o rosto à mostra. Deviam ser as mais ousadas! Nenhuma passava por mim sem que me notasse. Era evidente que sabiam da minha condição de estrangeira. Naqueles momentos não imaginava que um fato importante estava por vir. O hotel não ficava longe do porto e, enquanto caminhava, via as maravilhosas e bem trabalhadas construções gigantescas. Tudo em harmonia com a arte bizantina e o estilo islâmico de influência persa. Ali estava o que sobrou dos templos de divindades greco-romanas. Eram visíveis as marcas profundas de distintas civilizações nesta cidade, que é o ponto de contato entre o Oriente e o Ocidente.

Havia um misticismo, uma certa magia indescritível no ar, e isso me deixava embevecida diante de tamanha beleza.

Um país rico, um povo pobre. Haveria de entrar em cada lugar, logo que tivesse tempo.

Estava distraída enquanto via o guia abrir caminho com a cabeça, num gesto de quem tem pressa. Enquanto caminhávamos, um rapaz de aparência egípcia passou por mim correndo e, com muita agilidade, arrancou de meu braço a bolsa de couro que trazia a tiracolo. Que susto enorme! Fui preparada para tudo, até mesmo para um ataque de terroristas, mas não imaginei que fosse assaltada em plena luz do dia por um simples adolescente. Sem hesitar, saí correndo atrás dele, enquanto o guia, esbravejando, foi chamar a polícia. Somente o persegui porque naquela bolsa estavam todos os meus documentos, o passaporte, uma pequena lanterna e algum dinheiro.

Dirigi-me apressadamente até uma esquina, cuja rua terminava em um imundo beco formado de paredes imensas de pedra. No final do corredor, vi o rapaz outra vez. Parecia fazer questão de que eu o perseguisse. Continuei acorrer.

Quando parei numa outra esquina, vi que ele abria a bolsa e, enquanto ria, jogava os papéis e objetos pelo chão. Avaliei se o abordaria ou não, temendo que estivesse armado. Na dúvida, continuei parada. De repente, ele olhou para todos os lados e abriu um alçapão, desaparecendo chão adentro.

Com o espírito aventureiro que me era peculiar, fui atrás dele, após recolher alguns dos objetos e minha lanterna de estimação. Desci por uma escada, pensando tratar-se de algum túnel hidráulico. Continuei passo a passo, em silêncio, percorrendo mais ou menos uns vinte degraus até chegar a um piso de pedras muito lisas.

Nesse momento senti um leve abalo no solo. O chão que sustentava meus pés não estava mais estático. Um ligeiro tremor fez com que as paredes também vibrassem. Quando olhei para frente, vi novamente o rapaz, mas nesse instante uma fenda se abriu sob seus pés, e ele foi tragado pelo chão, em meio a uma nuvem de poeira.

Corri até lá. Pensei que fosse um terremoto, mas os abalos eram ínfimos. De repente o chão sob meus pés também ruiu e desabou. Caí a uma altura de mais ou menos dois metros, indo parar em uma espécie de galeria subterrânea. Na queda, não me feri gravemente, mas meu pé esquerdo torceu-se com o impacto.

Mais um pequeno tremor e as coisas voltaram a ficar quietas. Pedi a Deus que o teto não caísse sobre minha cabeça.

Quando a poeira baixou, acionei a lanterna e procurei pelo rapaz, mas não o encontrei. O lugar despertava minha atenção e curiosidade, exercendo um certo fascínio. Havia inúmeras estátuas sacras de vários tamanhos encostadas e empilhadas pelo chão. Móveis em forma de baús talhados em madeira antiga estavam cobertos por teias de aranha e muito pó.

Pressenti que algo mais importante estava por vir. Pela localização, ali deveria ser a antiga Basílica de Santa Sofia[3], construída nos tempos de Constantinopla[4], a capital do império Bizantino, ou, como a chamavam, "A nova Roma".

Sei que, com o advento do Islamismo, todas as basílicas foram transformadas em mesquitas. Provavelmente, tudo o que lembrasse o Cristianismo fora destruído e os objetos que sobraram deviam ter sido escondidos naquela galeria subterrânea por cristãos sobreviventes.

Enquanto assim refletia, uma figura feminina em vestes gregas apareceu diante de meus olhos, como se estivesse a mostrar-me algo. Trazia nas mãos dois medalhões. Um deles tinha o formato de um sol, cujos raios lembravam serpentes que resplandeciam de forma magnética; o outro era um perfeito crucifixo bizantino. A mulher misteriosa olhou-me fixamente e falou com voz suave:

— Alexandre, esta é tua última tarefa neste orbe; executa-a com sabedoria.

E desapareceu em seguida.

Sem compreender o que ela queria dizer, continuei assustada. Em seu lugar percebi um baú imenso, disposto à direita do paredão que continuava por mais alguns metros à frente.

Havia muita terra sobre ele, e parecia que o abalo também o havia descoberto. Pensei que ali se poderia encontrar algum tesouro histórico. Tomei coragem e o abri. Qual foi

---

[3] O primeiro e maior templo cristão do Oriente, construído no século IV. Era utilizado para grandes assembleias públicas e tribunais de lei, além de ter uma parte ocupada pelo clero como moradia.

[4] Constantinopla; hoje Istambul, na Turquia.

minha surpresa! Quase caí para trás.

Havia um esqueleto humano deitado e abraçado a rolos de pergaminhos e mais alguns outros ao redor de sua tumba. Pensei: seria um crime pegar alguns? O que estaria escrito neles? Segredos? Algo inédito que viesse da Antiguidade para dar luz ao futuro? Algo que ninguém ainda soubesse? Abriria uma polêmica mundial?

Resolvi pegar um deles, mas tive outra descoberta assustadora. Os medalhões que o esqueleto carregava em seu tórax eram idênticos aos que vi com a misteriosa mulher! Que fim levou aquele garoto? Diante de tais coincidências sobrenaturais, notei a relação entre ambos e compreendi que não havia sido levada ali por acaso. No entanto questionei: por que eu? E só agora? Por que ela me chamou de Alexandre?

Desenrolei com cuidado alguns rolos, mas estava tudo escrito em grego antigo, idioma morto que não domino. Peguei-os, tirei minha jaqueta, embrulhei-os e fui procurar uma saída.

O pé ainda doía. Quando tentava subir pela fenda, ouvi vozes.

– Ter pessoa aí? Nós encontrar seu documento e também o ladrãozinho!

Era o guia tentando falar português. Logo respondi que estava bem, mas silenciei sobre o que foi encontrado. Ao ver que o rapaz estava sendo conduzido preso, pedi que o soltassem. Afinal, valeu a pena segui-lo. Os guardas o soltaram e ele saiu correndo.

O guia respondeu preocupado:

– A senhora é muito bondoso. Alá proteger nós, mas morrer muitos no terremoto em Golcuk.

Meu companheiro havia chegado com ele e foi logo dizendo que naquele momento soube que acabara de acontecer um terrível terremoto numa cidade do interior a 180 quilômetros dali. As notícias eram as piores possíveis: não havia restado pedra sobre pedra, morreram milhares de pessoas e, portanto, haveria muito que relatar ao editor.

Pensei que seria de bom senso não me preocupar com

os rolos; o mais importante seria buscar o equipamento para filmar o desastre.

Não poderia dizer algo a respeito dos pergaminhos, conhecendo os hábitos dos muçulmanos e dos judeus ortodoxos, que certamente atentariam contra minha vida se soubessem que escondia algo encontrado entre objetos cristãos. Não poderia ficar andando com eles pela cidade. A ideia que tive foi que, antes, precisaria enviar secretamente pelo correio uma encomenda preciosa para quem soubesse lidar com esta descoberta, de forma sensata.

Por isso lhes envio esta caixa com os rolos. Não sei do que se trata, mas antes que sejam descobertos por outra pessoa, quero que vocês sejam os primeiros a vê-los. Soube que estavam estudando o idioma grego, com um excelente helenista; logo, não vai ser difícil traduzi-los. Se concluírem que é algo perigoso, enviem para o jornal, e eles decidem se soltam ou não essa boa notícia.

No entanto, se perceberem que esses documentos constituem algo que deve ser colocado discretamente para as pessoas, vocês, mais que ninguém, saberão transformá-lo em um interessante livro. Conto com a discrição de sempre. Quando retomar ao Brasil, poderemos comemorar esta interessante descoberta.

Paz em Cristo

Olhos de Águia [5]

---

[5] Este era o nome secreto utilizado pela jornalista para se proteger na profissão, visto que era também caçadora de relíquias sagradas.

A PITONISA

Naquela manhã primaveril, por volta do ano 342 de Nosso Senhor, a brisa matinal refrescava os atenienses, que ainda viviam da fama de seu curto período áureo, quando a provável conexão entre o solo estéril, a atmosfera seca e o pouco apetite daquele povo homogêneo acolheu espíritos dos maiores gênios da filosofia imortal, entre eles Sócrates, Platão e Aristóteles.

Nesse tempo, meados do século IV, a comunidade cristã já traçava atrás de si quase três séculos de uma trajetória dramática, repleta de incontáveis sacrifícios, martírios, valorosos testemunhos de fé, coragem e defesa incondicional à causa do amor ao próximo.

O Império Romano Cristão, entretanto, não era constituído apenas por grandiosas povoações recheadas de multidões conquistadas.

Atenas continuava sendo a mais célebre e gloriosa cidade grega. Ainda livre de pesados tributos, era a mais sublime das que faziam parte da província romana de Acaia. Foi visitada por Paulo, o Apóstolo dos Gentios que, ao retornar da Macedônia, ali permaneceu ali por algum tempo. Nela proferiu seu inesquecível discurso no Areópago, perante os filósofos atenienses, que o ouviram admirados pela sua eloquência e paixão.

Na parte baixa da cidade, dois jovens desciam em direção ao mar, em animada palestra, quando perceberam que uma jovem mulher, vestida duma paupérrima túnica de lã, passava por eles lançando-lhes um penetrante e misterioso olhar. Seu rosto imundo e os cabelos emaranhados escondiam os traços belos, nobres e delicados.

Parecia que assim estava propositadamente como que disfarçada, pois a sua pele alva e aveludada e seu caminhar altivo denunciavam sua condição de rica moça da cidade. Atrás dela vinha um garotinho vestido de trapos, que se esforçava por acompanhá-la, tendo nos braços um molho de papoulas[6] preso por uma tira de couro curtido .

Basílio sentiu um arrepio e tentou desviar-se da mulher; no entanto, ela veio em sua direção. Talvez ele não tivesse conseguido se livrar de seu magnetismo. Isso fez com que Gregório tivesse de desviar o amigo, abrindo passagem com um leve empurrão em seu ombro.

Ao passarem por ela, Gregório fez um sinal para Basílio com a mão: flexionou o dedo médio juntamente com o anular prendendo-os com o polegar, deixando o indicador e o mínimo formarem uma espécie de chifre. Com tal sinal não era preciso falar muito: significava que, para eles, a mulher era uma feiticeira. O garotinho, ao olhar para trás, flagrou aquele sinal e soltou uma gargalhada fina e disparada.

Tratava-se de uma pitonisa, isto é, uma sacerdotisa de Píton, no Templo de Delfos, e assim agia para manter secreta sua identidade, enquanto recolhia as ervas necessárias ao seu ofício. Repreendendo o menino, que ficara para trás, ela falou com voz rouca:

– Adiante o passo, Alexandre!

Os rapazes, longe de se amedrontarem, tiveram a mesma súbita ideia.

Basílio era um jovem de lúcidos e profundos pensamentos e se enquadrava nas palavras de Jesus, que ensinava a não colocar uma candeia debaixo do alqueire. Pensando rápido,

---

[6] Papoula, Papaver sommíferum, planta herbácea de grandes flores coloridas que cede látex e da qual se obtém o ópio, utilizado como entorpecente.

perguntou:

– Estás pensando o mesmo que eu?

Gregório respondeu:

– Não deixar que uma só ovelha se perca, apascentando-a conforme Jesus pediu a Pedro? É nisso que estás pensando?

– Exatamente! Vamos tentar doutrinar pelo menos a criança.

Apressaram o passo de volta, e Basílio, adiantando-se, falou com docilidade:

– Por gentileza, gostaria de falar-vos um momento.

A pitonisa virou-se e disse rispidamente:

– Que tens tu com minha vida? Cuida da tua, que durará pouco. Vós, cristãos, não tendes sangue nas veias. Deveríeis vingar-vos dos pagãos com a mesma moeda que martirizou vossos antepassados durante séculos.

– Se assim agíssemos – respondeu Gregório – em que seríamos diferentes deles?

Ao olhar novamente para Basílio, ela fitou-o nos olhos e falou sinistramente:

– Tenho uma revelação para ti: faze rápido o que tiveres de fazer, pois o anjo da morte te ronda.

– Ah! – desdenhou Basílio. – Imagino que sejas uma pitonisa! O oráculo de Delfos também recomendou a Sócrates a "fazer música", o que ele interpretou como "tornar-se filósofo", já que, conforme ele mesmo dizia, "a filosofia é a mais bela música de todas". Por que devo então te dar ouvidos?

– Tolo! Ousas escarnecer de minhas profecias! – bradou a mulher, cujas faces, desta vez, afoguearam-se de extraordinário rubor, de cujos olhos saltaram lampejos de cólera.

Ao dizer isso, deu as costas, puxou o menino e as ervas para dentro do barco que ali estava ancorado e começou a remar, desaparecendo nas águas tranquilas do mar Egeu.

Basílio novamente se arrepiou e ficou parado por algum tempo, após ouvir aquela frase.

Gregório, vendo a expressão de terror nos rosto do amigo, falou:

– Cruz credo! Esta mulher é uma feiticeira. Não dês ouvido a ela; quer apenas ver sangue jorrando e almas perdidas como a dela própria. Estava entorpecida. Não viste os ramos que trazia debaixo do braço? Com certeza fará alguma poção maligna. Se te falo das mulheres que vivem pelo luxo, que devo dizer das que vivem pelos mortos? Vem. – E amparando a mão no ombro do amigo num gesto todo seu, concluiu:

– Não te iludas com tais maldições. Nosso Senhor nos guardará de todo mal.

Basílio havia franzido o cenho, estava preocupado. Rompendo o silêncio, disse:

– Mas pode ser um aviso, um alerta do céu, uma mensagem de Deus.

– Estás louco! Deus não usaria uma bruxa para enviar uma mensagem celestial. Isso mais parece coisa do Sat...

– Irmão, não ouses dizer este nome horrendo nem de brincadeira – interrompeu o outro, tapando-lhe a boca. – Queres que ele seja atraído para nossa companhia?

– Pois bem, perdoa-me, mas não dês ouvidos ao mal. Se ela fosse do bem, diria como evitar a morte e não as trágicas tolices que afirmou para meter-te medo. Não te perturbes. Palavras ásperas e mordazes não aniquilam um coração puro e bondoso.

– Hum! É verdade – concluiu Basílio, tentando desprezar as tenebrosas palavras ouvidas. – Além do mais, não me importo. Somente a morte poderá livrar a alma da prisão em que se encontra. Ah! Queres saber? Como diz -meu pai, este planeta aqui é apenas uma cópia grosseira do grandioso mundo superior, que é nossa verdadeira morada! Faltam poucos dias para o Natal. Finalmente, poderemos retomar a Cesareia, onde estaremos longe desta cidade pagã. Voltemos mais depressa; preciso de um banho.

ATENAS

Na manhã seguinte aos acontecimentos, à beira-mar, encontramos à porta da Universidade Platônica um grupo de adolescentes que terminava de sair de suas aulas, cada um dirigindo-se para um lado. Uns correndo, outros andando bem devagar.

É certo que o grande centro cultural ateniense sofria profundas modificações desde que o Cristianismo começou a se instaurar entre os povos. As boas e tradicionais famílias de todo o mundo, mesmo as cristãs, cultivavam o hábito de enviar seus filhos a Atenas para concluir seus estudos. Mas não se descuidavam da formação cristã. Após as aulas em escolas pagãs, os pais reforçavam a educação dos filhos com leituras diárias das Sagradas Escrituras.

Hábito comum entre os atenienses era passar boa parte do tempo ao ar livre. Isso não seria possível sem a pureza e a claridade da atmosfera. Constantemente, a população mais abastada se atinha a longas elucubrações em frente aos templos, altares e outras construções sagradas. O caráter inquiridor dos atenienses sempre despertou a atenção de todos que por ali passaram.

Destacando-se dos transeuntes estavam os dois jovens que citamos no início de nossa narrativa, ambos envolvidos em túnicas de seda de cor azul, presas a meio corpo por um cinturão de couro. Estavam cobertos por uma capa, uma espécie de lençol solto, mas inteligentemente arranjado e dobrado sobre as vestes para que não ficasse caído. Tinham os pés calçados por sandálias trançadas, cujas fivelas douradas denunciavam a sua alta condição social.

Seus gostos eram idênticos, mas suas formas de pensar, nem tanto.

Basílio, de pele branca e cabelos castanhos e um ano mais velho que Gregório, era mais falante, ativo, atento aos acontecimentos. Na verdade, não se atinha apenas em saber das novidades, preferia fazê-las acontecer. Logo que percebeu o movimento, colocou a mão esquerda no ombro direito de Gregório e, chamando-o, disse:

– Vamos ver o que há de novo no Areópago!

O outro não perdeu tempo e logo o acompanhou.

Basílio e Gregório eram amigos inseparáveis. Vieram juntos de Cesareia da Capadócia[7], onde cresceram. Depois foram enviados por suas tradicionais famílias para estudar em Atenas.

Naquele tempo a academia de Platão recebia ainda os filhos das mais ilustres famílias do Oriente.

Gregório, filho do bispo de Arianzo, era mais místico que Basílio, gostava mais da contemplação. Era franzino e tinha o hábito de jejuar desde garoto. Não raras vezes, acompanhava seu pai no auxílio aos pobres das regiões mais distantes.

Evitava alimentos exóticos e dizia que jamais comeria carne.

De média estatura e de traços definidos, ele possuía as sobrancelhas bem marcadas, que se uniam em ponte sobre o nariz. Tinha uma pequena cicatriz na face esquerda, corpo ligeiramente inclinado para frente. Não raro, andava com pressa, fazendo-se pouco elegante, mas excepcionalmente cordial ao se aproximar. Era de modos vigorosos e sorriso espontâneo.

Poder-se-ia dizer que Gregório trazia uma inocência que

---

[7] Antiga província da Ásia Menor, hoje a moderna Turquia. GOMES, Cirilo Folch, Antologia dos santos padres. São Paulo: Paulinas, 1979

suavizava a agressividade natural de sua fisionomia. Ele não generalizava sobre a Humanidade por consequência de um ato infeliz praticado por alguém. Quaisquer dúvidas que ele adquirisse durante sua caminhada eram afastadas pela próxima pessoa que se revelasse boa, fazendo com que se esquecesse de qualquer decepção anterior.

Sabia ouvir ideias com muita atenção, principalmente se elas eram excitantes e progressistas, assim como as do apóstolo Paulo de Tarso. Quando algum olhar de desconfiança pairava sobre ele, logo ficava aturdido, com os olhos arregalados de horror.

Ao chegarem ao meio da praça, os jovens perceberam que alguém estava falando em voz alta. Basílio adiantou-se e disse:

– Vamos, façamos parte. Será que estarão falando sobre ressurreição, como dizem os egípcios, ou sobre a reencarnação, como afirmam os judeus?

– Somente poderemos saber se nos aproximarmos mais.

Ao meio do povo, um homem alto, muito magro, de rosto seco e de barbicha espetada, vestia uma clâmide grega que ia até os pés, diferenciando-se das túnicas curtas dos homens do povo. O ancião falava com voz forte aos que o ouviam:

– Cidadãos de Atenas! Deveis viver tal qual as aves na floresta. Deixai de lado as convenções sociais e abraçai a natureza. O verdadeiro cidadão deve viver na simplicidade, como viveram os grandes filósofos, na mais pura pobreza. Olhai nossos jovens que, em vez de estarem preocupados com a sabedoria, vivem à caça dos prazeres – e apontava, com um gesto de cabeça, para alguns que por ali passavam indiferentes aos seus ensinos. – E o prazer corrompe o homem. A vida ascética é a ideal para desenvolver as virtudes, porque as pessoas não se excitam diante das vantagens competitivas do mundo. Um homem sábio é um homem independente, não se deixa escravizar por coisas inúteis. O que os deuses nos enviam é o bastante e imprescindível: a luz e o calor do sol, as águas dos rios e da chuva, a terra, os alimentos naturais e o vento.

Diante do olhar positivo dos ouvintes, o homem tomava força e continuava eloquente:

– Pior que passar a vida em busca do excesso é o homem usar de todos os truques para consegui-lo sem esforço. Haveria Diógenes de sair novamente pelas ruas em pleno dia, com uma candeia acesa em busca de um homem bom e honesto?

A multidão respondia em coro:

– Não!

O ancião continuava, desta vez em tom cínico:

– É claro, pois perderia seu tempo! Quereríeis que os cristãos viessem nos humilhar, ao nos ensinar com seus discursos, alertando-nos para olharmos os lírios dos campos? Pois acordai, filhos do Olimpo, ou tereis de vos submeter em pouco tempo ao deus desconhecido que já domina a mente da maioria!

Naquele momento, os dois jovens se afastaram e Gregório trocou um olhar significativo com Basílio, dizendo:

– A Águia sufocou a serpente do Nilo, dominou o Tigre, mas ao final, lentamente, todos estão se rendendo à cruz da vida eterna. Mesmo os pagãos se sentem intimidados frente à excelente qualidade dos ensinos morais do cristianismo. Claro, são muito superiores aos ensinos de outros sistemas. É o único que realmente transforma a vida dos que creem. Por isso precisamos dar nosso bom exemplo e não nos misturarmos.

– Pois certo; mas, então, o que estamos fazendo ao estudar nas escolas deles?

– Diz meu sábio pai que a erudição e os estudos filosóficos levam o homem a compreender melhor a fé cristã. Afinal, a percepção dos sentidos não nos leva ao conhecimento; ao contrário, afasta-nos do verdadeiro conhecimento. O verdadeiro mundo é o das ideias. Os cinco sentidos distorcem a realidade.

– Sim, meu amigo; não viste hoje o professor dizer que todo o conhecimento resume-se na busca de Deus? Pois Ele é o depósito do conhecimento ilimitado!

– É verdade – respondeu Gregório. – Os pagãos haverão de ver seus deuses se renderem ao Deus único.

– Não demorará muito – disse Basílio – o dia em que poderemos fazer algo realmente significativo a fim de sustentar as ideias do imperador Constantino. Se de minha pessoa depender, darei minha vida para propagar a moral do Cristo. Abrirei mão de todos os prazeres mundanos e, seguindo o exemplo do apóstolo João, não me deixarei abater pelo pecado. Viajaremos por todo o mundo, pregaremos a palavra de Deus, depois moraremos em mosteiros! Sim, nós nos tornaremos monges... O que pensas de nós três fazermos um acordo?

– Nós três? – perguntou Gregório.

– Sim. Tu, meu irmão e eu.

– Teu irmão? Um monge? Duvido. Ah! Ah! Ah! – gargalhou Gregório com desdém. – A vida e o trabalho dos monges são extremamente árduos. O dia deles começa muito antes do amanhecer. Da cama vão diretamente para a Igreja do mosteiro. Depois, fazem preces de duas em duas horas. Esperam até à tarde para o prândio [8]. No verão, tomam uma refeição ao cair da noite, mas no inverno vão cedo para a cama, sem comer mais nada. Eles se alimentam de seu trabalho diário que é o estudo dos textos sagrados.

– Eu sei disso – interrompeu Basílio num tom severo – e não é tão difícil assim, já que em cada mosteiro há um certo número de meninos preparando-se para serem monges. E se estão lá, é por um nobre motivo: assegurar um futuro em que haja estudiosos do Evangelho.

– Sim, mas sabemos que eles são obrigados a se acostumar à vida difícil e às regras severas que lhes são impostas; por isso são mais disciplinados. Todas as tardes os meninos têm aulas no mosteiro, ao passo que os monges trabalham na

---

[8] Jantar, refeição formal – nota da editora.

terra e copiam pergaminhos ou fazem outros serviços. Apesar de difícil, haveria vida melhor?

– Para mim, não. Entretanto, tenho um sonho...

– E qual é?

– Que as escolas sejam mais acessíveis ao povo, já que as únicas escolas cristãs são as dos mosteiros, o que faz com que poucos saibam ler e escrever. Outro fator é que os pergaminhos são produzidos nos próprios mosteiros. Imagina se muitos homens pudessem confeccioná-los! Isso ampliaria os conhecimentos de muitos, e um copista não sairia tão caro.

– Caro? Que me diz então dos rolos que vimos na Igreja, cujas gravuras eram todas pintadas com tintas de cores variadas, e o amarelo nada mais era que ouro em pó?

– Isso não é nada. Vi um, cuja proteção era decorada com inúmeras pedras preciosas.

– Mas, retornemos ao nosso assunto. Não fujas! Não acredito que teu apaixonado irmão possa se tornar um monge nesta vida nem na outra!

– Como desdenhas de meu irmão? – perguntou Basílio enrubescido e indignado. – Tens um bispo por pai e não recebeste educação esmerada o bastante para respeitar as vontades alheias?

– Acredita – disse o outro em tom de súplica, – apesar de teu irmão e eu termos o mesmo nome, somos bastante diferentes. Neste instante, imaginas o que ele deve estar fazendo?

Basílio respondeu:

– Ele deve estar em Cesareia, preparando-se para as núpcias; por isso foi para casa antes de nós. É muito ligado à família. Está amando uma jovem, o que não o impede de amar igualmente o Cristo.

– Uma jovem... Queres dizer uma mulher? – desdenhou mais uma vez Gregório. – Eu, por minha parte, ainda não conheci nenhuma que pudesse estar à altura de competir com o amor de Cristo. Elas também são criaturas de Deus. No entanto, oh!... Como têm atitudes estranhas!

– Não estás falando de nossas cristãs, não é mesmo? – obtemperou Basílio.

– Também delas – continuou o outro. – Quem mais ama os enfeites e vestidos coloridos? Por elas os homens matam a si mesmos e aos outros. É o luxo excessivo superando a cultura, a vaidade das cores combinadas, as pérolas, as joias de ouro. Se os cabelos forem lisos, elas ondulam-nos; se forem encaracolados, esticam-nos. Realçam os olhos e arrancam pelos das sobrancelhas para terem um olhar mais sedutor, tingem os cabelos, pintam o pálido rosto para simular uma saúde rosada que não mais possuem. Ora, tantos artifícios enganadores prejudicam a elas mesmas, causando a perda de muito tempo com tais futilidades.

– Concordo, nobre colega. Mas o que propões: um ideal de simplicidade e naturalidade?

– Claro – completou Gregório, – desde que isso também se estenda aos homens, pois estes também têm seus males, isto é, preocupam-se em demasia com a vaidade do bem-falar e do poder que anseiam adquirir com o dinheiro que ganham, na maioria das vezes, desonestamente.

– Hoje estás azedo!

– Hoje estou eu mesmo, por isso, estou verdadeiro.

Sua animada palestra continuaria, se não fossem interrompidos por um cavaleiro que passou a galope, quase atropelando os transeuntes e que, enquanto agitava uma comprida vara, gritava:

– Saiam, saiam da frente! Abram caminho para o mensageiro. Saiam...

Indo direto à prefeitura, o homem chegou esbaforido e já gritando para todos ouvirem:

– Os francos, os alamanos e os saxões estão tentando invadir o império!

A população, que estava tranquila, começou a correr para casa. Mulheres recolhendo crianças, vendedores ajuntando seus pertences. Em pouco tempo, a rua tornou-se uma imensa confusão.

Basílio e Gregório também cuidaram de tomar o caminho do dormitório para rapazes, onde eles estavam hospedados em dias de aulas.

O orador, que ora vimos, ainda falava e, vendo que fugiam seus ouvintes, gritou mais alto:

– Vede, cidadãos de Atenas: a cobiça dos homens é o que causa a guerra. São os escravos das riquezas. Não vos preocupeis, não terão tais ladrões o que roubar nesta cidade. Não há ouro nem prata; as terras não são ricas, e a riqueza que sobra na mente do povo apenas serve para aumentar a vaidade e a luxúria. E isso ninguém rouba.

Ao dizer isso, também atentou por se apressar, suspendendo com as mãos a barra da clâmide[9], a fim de não tropeçar.

Durante dez anos, Basílio e Gregório estudaram em Atenas, e enquanto se adaptavam aos novos acontecimentos e amadureciam, um mestre e seus discípulos atravessavam, longe dali, as ruas barulhentas de Antioquia.

---

[9] Manto que se atava por um broche preso ao pescoço ou ao ombro (na Grécia); túnica – nota da editora.

O DISCÍPULO

Berço das missões cristãs, Antioquia estava localizada às margens do rio Orontes, na Síria. Esta belíssima cidade, rica em lindos pisos de mosaicos, foi fundada em cerca de 300 antes de Cristo e tornou-se a terceira maior cidade do Império Romano. No momento de nossa narrativa, contava com oitocentos mil habitantes, sendo que a maioria era de judeus. O circo, a acrópole, os numerosos banhos e as vilas romanas compunham um belíssimo cenário.

No entanto, esta cidade gentílica ainda conservava, não muito distante, o Templo de Dafné, quartel general do culto de Apolo e Artemísia[10], conhecido pelos sacrifícios pagãos. Era famoso por sua degradação moral, que contagiava as outras cidades mais próximas. As orgias com danças sensuais embebidas de muito vinho atraíam muitos pagãos de toda a Assíria, do Egito e até mesmo de Milão.

Havia uma concorrência silenciosa entre Antioquia e Alexandria. Enquanto os alexandrinos prolongavam as tendências do judaísmo helenístico e de seu platonismo místico, os antioquenos tomavam-se mais positivos.

Entre os cristãos que ali moravam e se empenhavam por

---
[10] Apolo: deus grego, filho de Zeus, representava a juventude máscula, a beleza, a poesia, a música, a cura e a sabedoria. Artemísia ou Artemis: deusa irmã de Apolo, protetora das mulheres. Conhecida por Diana entre os romanos.

converter aquele povo corrompido pela concupiscência imoral, estava Deodoro, nascido em Tarso. Viveu primeiramente como simples leigo. Depois como sacerdote, que tudo fazia para melhorar o nível espiritual da cidade. E o conseguia até certo ponto. Tinha muitos discípulos, aos quais ensinava as preciosas lições do Cristo, o que lhes modificava o comportamento.

Deodoro tomara-se um feroz animador da resistência contra os bispos arianos. Chegou a fundar o partido neo-ortodoxo.

Jamais respondia a uma pergunta direta com um sim ou com um não. Havia sempre um talvez, que gerava uma curiosidade, uma reflexão e uma manifestação de encantadora prudência.

Teodoro tomara-se seu mais jovem discípulo. Ainda menino, interessou-se pela vida ascética e, se não fossem os apelos de sua mãe, teria ido morar em um mosteiro sem ter completado dez anos.

Antes dos quinze anos, já conhecia a essência das Sagradas Escrituras, seguindo as instruções de Deodoro. O Sermão da Montanha ficara gravado em sua mente iluminada assim como o significado das parábolas do Cristo, em sua sabedoria prodigiosa e encantadora. Ele era bondoso e tranquilo por natureza. Não obstante, gostava de desafiar a opinião pública e secretamente se deliciava em chocar os pensamentos mais convencionais dos companheiros com um comportamento ocasionalmente excêntrico.

Embora cortês e de fala macia, podia provocar algo de inesperado com certas afirmações e ações mais espantosas nas ocasiões mais imprevisíveis.

Adotava, deliberadamente, um comportamento que causava repulsa ao conformismo da época. No entanto, nada tinha contra seu próximo. Mantendo a mesma postura dos mestres, que sabiam separar o doente da doença e o ignorante da ignorância a ninguém julgava ou condenava.

Quem observasse o jovem Teodoro seguindo os passos

largos de seu mestre, percebia nele uma expressão estranha e distante nos olhos, como se eles contivessem uma espécie de conhecimento mágico, misterioso, que não se podia desvendar.

Seus olhos eram vagos e tinham uma expressão sonhadora, numa tonalidade entre o cinza e o verde. Os cabelos lisos, sedosos e castanho-claros e a sua pele pálida o diferenciavam dos demais. De traços delicados e modelados por um perfil marcadamente nobre, Teodoro aparentava as feições de um anjo.

Era intensamente alegre e original em suas expressões.

Sabia ser diplomata e, ao mesmo tempo, tímido, delicado e compassivo. Possuía uma percepção aguda, mais profunda que rápida. Estava sempre analisando as situações e cada um de seus amigos, deixando-os desconcertados, à medida que sondava o âmago de seus mais íntimos pensamentos.

Encontrava-se sintonizado com as mais altas esferas do pensamento. Concomitantemente, possuía o frio sentido prático e uma instabilidade excêntrica. Compreendia melhor do que ninguém as necessidades dos enfermos pobres e de toda gente marginalizada pelo egoísmo dos homens.

Conhecia o valor espiritual de todos. Era um rebelde natural, que considerava errados instintivamente todos os velhos hábitos e reconhecia que o mundo precisava de uma mudança drástica e revolucionária. Percebia que a dor ainda era o mecanismo mais eficiente da Lei Divina para dobrar os teimosos e recalcitrantes egoístas. Ele vivia plenamente os ideais crísticos de igualdade, fraternidade e de amor a todos; de viver e deixar viver; de buscar a verdade; de experimentar novos hábitos e de isolar-se para meditar.

A fantástica habilidade de Teodoro em mergulhar no desconhecido e absorver segredos místicos sem muito esforço levava-o a uma singular espécie de intuição.

Possuía uma sensibilidade ímpar, que lhe permitia conhecer os desejos mais íntimos das pessoas e compreender as necessidades mais profundamente secretas de que elas mesmas não se davam conta. E isso lhe dava o verdadeiro sentido da fraternidade, porquanto considerava a todos como irmãos e irmãs. Era também sensível ao recolhimento e à prece.

Tinha uma necessidade quase incontrolável de isolar-se, ainda que por pouco tempo, e quase sempre o fazia, quando voltava ao santuário íntimo, alinhando as correntes psíquicas mais sutis de sua identidade e atingindo as culminâncias infinitas de uma beatitude sideral.

Era a alma que tinha maior fervor místico, fiel ao auxílio aos filhos da orfandade. Sofria diante da ignorância de tantos que amava. Para aprender rápido, fazia muitas perguntas ao seu mestre:

– Meu senhor, por que Ario foi excomungado? Não era ele apenas um presbítero, um bom cristão?

O mestre respirou profundamente e, enquanto caminhava, foi apanhando alguns galhos no chão, reuniu-os tal qual um feixe de varas e, olhando para o jovem, respondeu:

– Ario ensinava que Cristo foi o primeiro e mais elevado dos seres criados.

– E isso não é verdade? – perguntou novamente Teodoro.

– Em parte. Acontece, meu jovem, que ele sustentava que, sendo Cristo o primeiro, ele não seria coeterno nem igual ao Pai. Ario foi excluído pelo próprio apóstolo Pedro, na época, patriarca de Alexandria. Felizmente sua doutrina tem-se enfraquecido. Não bastam as lutas contra os pagãos; ainda temos de nos debater contra nossos iguais! Desunidos, damos margem a que o mal se espalhe. Ainda há pouco, assistimos ao enterro de Eusébio. Ele teve o mérito de batizar o imperador Constantino em seu leito de morte, mas logo dividiu a Igreja do Oriente, ao endossar e defender que Cristo não foi cocriador.

– Ainda não entendo, mestre!

– Vês, filho, este feixe de ramos? Se cada idealista propõe uma hipótese que abale a divindade do Cristo, as ideias na mente dos fiéis se enfraquecem. Logo não demorarão a dizer que Jesus foi apenas uma lenda, um mito criado pelo homem para fugir do tédio dele mesmo. Blasfêmias, filho, blasfêmias...

– Compreendo perfeitamente. Mas dize, mestre, a quem visitaremos hoje? Um pobre, um doente, uma viúva, um órfão? Não trouxemos nada nas mãos!

– O que iremos levar a uma jovem viúva e a seu filho vale mais que pães, peixes e roupas. Entraremos na casa de uma família distinta, que foi entristecida pela perda do chefe da casa. O pai foi mestre de milícia, oficial de alta patente. Vivia no quartel-general da cidade, sendo comandante das tropas imperiais no Oriente. Morreu cedo, deixando a educação do filho João à esposa Antusa, mulher cristã de excelsas virtudes. Homens nobres cobiçaram esta bela e culta mulher, mas a fim de dedicar-se completamente à educação do filho, Antusa recusou as segundas núpcias. Por isso, é de bom-tom que faças amizade com o menino João para que ele não se sinta só.

– Claro! Terei imenso prazer em fazer um novo amigo.

Assim que chegaram, foram bem recebidos por um servo que se adiantou a chamar a senhora da casa. Teodoro logo viu, a um canto da sala, um rapaz franzino.

Antusa, a jovem viúva, era realmente bela, de andar suave e voz doce. Conservava o traje de luto como vestimenta diária. Recebeu-os com alegria:

– Foi a Virgem Santíssima que te trouxe a nossa casa, Padre Deodoro. – E, baixando o tom da voz, continuou, após encostar os lábios no dorso da mão do sacerdote, em sinal de reverência: – João está extremamente triste hoje; nada que faço consegue alegrá-lo.

– Por isso, filha, trouxe comigo Teodoro. É um menino meigo, inteligente e logo distrairá João. Todos sabemos a falta que a autoridade de um pai faz para a boa educação de um filho. Perdoa-me a franqueza, mas as mães, em geral, não conseguem impor nenhuma disciplina . É bem verdade que não é esta a função delas, visto terem natureza para dar aos filhos colo, carinho e apoio. Cabe ao pai o rigor, o não e a severidade da disciplina. Mas tenho certeza de que, com a graça de Deus, tu obterás o senso necessário para saberes dizer os sins e os nãos nas horas certas, pois deverás ser a mãe e o pai. Aliás, João já está na escola?

– Estou providenciando todos estes cuidados. Este menino é tudo o que Deus me deixou e tudo farei para que vença. Dizem que a escola do professor Libânio é uma das melhores da cidade. Ele passará por excelentes professores e, quando tiver idade, será matriculado nas aulas do próprio Libânio, que é uma sumidade.

– Certamente – disse o padre. É lamentável que seja pagão, mas é um mestre de grande renome e não influenciará as ideias cristãs de nossos meninos. Teodoro já estuda em sua escola, e não há nada que se possa reclamar. Tenho certeza de que buscarás para João os melhores professores de filosofia e retórica. Mas não penses que o colocando na escola terá ele educação completa!

Antusa, concordando com todas as opiniões, falou com tranquilidade:

– Padre, não deves te preocupar. Era desejo de meu falecido marido – que Deus o tenha! – que nosso filho recebesse educação esmerada, tendo acesso às melhores escolas e aos mais ilustres mestres, consoante à condição social de nossa família. Para isso, não tornei a me casar, para ocupar-me exclusivamente de João e de sua formação moral. Sonho todas as noites ver meu único filho casado com uma moça dedicada e que venha alegrar esta casa com carinhosos netos.

– Graças te sejam rendidas, filha. Com certeza saberás abençoá-lo e mantê-lo longe dos turbulentos acontecimentos desta cidade, que insiste em arrastar nossos jovens ainda em tenra idade para os prazeres da carne. Oh! Se descesse do céu um raio que fulminasse o Templo Dafné e eliminasse para sempre as orgias que ali se instalam!...

Enquanto isso, no outro extremo da casa, Teodoro sentava-se perto de João e, após ficar um momento em silêncio e na mesma posição dele, isto é, meio ioga, disse apenas:

– Favor de Deus aos homens.

– O que disseste? – perguntou o menino, sem compreender o significado daquelas palavras repentinas e sem nexo.

– Graça, favor de Deus, é o que significa o teu nome. Não te chamas João?

– Sim, esse é o meu nome, mas não sabia que tinha este significado.

– Então, como te sentes, sendo um favor que Deus concede ao mundo para fazê-lo melhor?

– Nada! Deus não fez nenhum favor a mim. Ao contrário, levou o meu pai e ainda não me trouxe nada melhor.

– Que disparate é este? Antes de seres filho de teu pai, tu és filho de Deus!

João estava habituado a ser ouvido e não receber nenhuma desaprovação, já que era muito mimado. Naquele instante, sentiu certo desconforto, mas ante a verdade das palavras de um menino da sua idade, chegou a uma conclusão e respondeu cabisbaixo:

– É, estás mesmo certo!

Teodoro continuou:

– Deus é justo, deves também ser. Ele levou teu pai, mas deixou tua mãe. Há tantos que estão privados de ambos os genitores! Ainda assim, Deus não os desampara.

– É verdade. Perdoa-me.

– Quero que modifiques teu semblante, pois tua mãe parece viver por ti e está abatida, devido ao teu desânimo.

– Tens pesadelos? – perguntou João.

– Às vezes.

– Essa noite eu sonhei que o nosso planeta se partia em dois, e eu estava no meio. Apenas via o que estava por acontecer, tentava avisar a todos, mas ninguém me escutava. Ficava desesperado. Mas não tive como conter a enorme força que vinha do nada e separava o mundo. O que será que significa?

– Eu não sei, não. Deves ter comido algo que te fez mal. Risos.

Naquele momento, os dois rapazes começaram a conversar como se fossem amigos de longas datas. Uma bela amizade, que se estendeu à escola de Antioquia e aos ensinamentos de Deodoro de Tarso. No entanto, o tempo de paz não duraria muito.

AMIGOS MONGES

Os pais de Basílio mantinham o sonho sagrado de vê-lo tornar-se sacerdote quando voltasse dos dos estudos em Atenas. Contudo, o jovem, ao chegar a sua cidade, relembrou as brincadeiras e a folga da meninice e preferiu sonhar com glórias e riquezas terrenas.

A profunda amizade que o unia a Gregório deu outro rumo à sua vida. Quis viajar o mundo e conhecer outras culturas. Isso lhe serviu de lição, fazendo-o enxergar quantos sofrimentos ele haveria de minimizar. Pedro, Macrina e Gregorinho – apelido carinhoso que recebeu a fim de evitar confusões com o amigo Gregório, – eram irmãos de Basílio e moravam na Capadócia.

Gregorinho tinha uma natureza sensível e inquieta, mais artística e poética e era mais contemplativo que prático. De tendência mística e de temperamento monástico, desde criança tinha o dom da oratória.

Naquela manhã a casa estava movimentada, devido aos preparativos para o casamento de Gregorinho com uma jovem da mesma cidade. Enquanto os noivos se uniam, as famílias de Basílio e de Gregório haviam-se reunido para comemorar o fato de os filhos terem retomado das viagens e estarem se encaminhando para a vida monástica.

Entretanto, naqueles dias os cristãos não estavam contentes com o novo imperador.

Uma das convidadas, Zila, irmã mais velha da mãe de Basílio e que residia em Milão, insistia em comentar os últimos acontecimentos da corte.

Infelizmente sua voz era estridente, muito fina e meio chorosa. Seu aspecto não era de todo desagradável: tinha a pele bastante branca, acentuada ainda mais pelo pó que usava, os cabelos castanhos levemente cacheados. À primeira vista, calculava-se que ela deveria pesar mais que um touro. Vestida numa túnica amarela bordada com motivos coloridos, trazia à cintura um largo cordão dourado, que com certeza media mais de três braçadas. Espalhada em um jogo de almofadas, descarnava a coxa de uma perdiz com certa voracidade. De tempos em tempos interrompia a conversa familiar:

– Trouxe pó de arroz para minha sobrinha. Todas as moças de família nobre devem manter a pele branca o máximo possível, para não se assemelharem às escravas, que trabalham no campo embaixo do sol. Vede como é forte e bronzeado meu guarda-costas! Aliás, sabíeis que o pobrezinho já havia colocado um aviso em frente a sua própria porta, dizendo sobre suas habilidades como ex-soldado? Por isso o contratei. Entre uma guerra e outra os coitados ficam sem o que fazer!

Macrina, irmã mais moça de Basílio, estava próxima a ela e, não suportando tais modos, tencionou levantar-se, pedindo licença. A mulher, porém, segurou-a com as mãos ainda oleosas, perguntando em voz alta:

– Guarda teu pó, querida; é um presente caro!

– Agradecida, minha tia. Foi muita gentileza preocupar-te comigo.

– Não foi nada – e continuou segurando-a. – É verdade, minha sobrinha, que pretendes te consagrar ao Senhor, mantendo-te virgem?

– Sim, senhora, respondeu a jovem sem vacilar.

– Oh! Isto é uma grande virtude. Que jovens virtuosos têm-se tornado os filhos dos cristãos! As moças extremamente zelosas com sua pureza não se arvoram em banquetes, como as romanas pagãs, e os rapazes não se envolvem com o exército, não sentem prazer com a guerra. E como são respeitosos, mantendo-se castos até o casamento! Pois vos digo: as donzelas da corte estão cada dia mais apressadas. Principalmente, depois que o imperador...

– Com licença, minha tia – disse Macrina, interrompendo-a e livrando-se do asco que lhe provocava o óleo em seu braço. Limpando-se discretamente, foi sentar-se com o irmão mais velho. Ao acomodar-se, cochichou:

– A voz dela é repugnante aos ouvidos.

Ele respondeu discretamente:

– E sua gula, uma ofensa aos famintos.

Mas Zila não se importava e continuava a falar no mesmo tom de voz:

– Desde que o imperador Constâncio foi substituído por seu primo, aquele horrível Juliano, o povo está alvoroçado. O tempo de paz durou pouco. No reinado de Juliano, já conhecido por todos como Apóstata, a confusão começou a reinar. Sendo pagão, Juliano trouxe de volta as perseguições aos cristãos e ao ocultismo. Os templos pagãos voltaram a receber benefícios e as organizações cristãs quase foram extintas.

– Não era ele filho de cristãos? – perguntou a mãe de Gregório.

– Sim, por isso o chamam Apóstata. Abandonou o Cristianismo e não faz outra coisa, desde o dia em que assumiu o império, senão reavivar o paganismo.

– O que faz um imperador agir assim? – interpelou Macrina, tentando ser educada.

– Dizem – e sei disso através de fontes fidedignas – que quando era menino, viu alguns soldados de seu primo Constantino matar seu pai e outros parentes. Por isso esperou pacientemente a idade para concluir sua terrível vingança. A última vez que consultei o Oráculo, a pitonisa revelou-me que tal reinado não duraria muitas luas...

Basílio interrompeu-a com energia, dizendo:

– Desculpa-me, tia, mas consideras prudente consultar

tais oráculos, que são pura enganação? Onde está a fé que te estimula a acreditar que o bem sempre vencerá?

– Oh, meu sobrinho, perdoa-me. Tornei-me cristã de todo o coração, mas confesso que ainda não me desliguei de alguns hábitos pagãos. Mas não é por isso que aceitarei o fato de ter um imperador pagão.

Zila estava sempre atenta aos acontecimentos na corte. Deixava clara sua posição e não fazia questão de escondê-la.

Basílio e Gregório estavam unidos e, desta vez, preparados para receber as perseguições do imperador Juliano. Mantiveram-se firmes e conseguiram reverter muitas situações embaraçosas provocadas pela tirania de um homem sedento de vingança. Basílio, mais que qualquer outro, procurava digerir tão calmamente os insultos dos arianos, as pressões e as decepções, que jamais se desviava do caminho que o levava a momentos de felicidade, quando o dever era cumprido.

Ele seguia, inabalável, as pegadas deixadas pelo Mestre, e admirava a exatidão das regras do Evangelho no proceder do dia a dia, desdenhando os sedutores atalhos que sabia estarem cheios de armadilhas.

A "porta estreita" que havia conduzido as virtudes do espírito havia sido atravessada com os pés firmes e com o olhar para frente. O ciúme, a paixão, a impulsividade, a frivolidade, o desperdício, a ociosidade e a despreocupação não atingiam o equilíbrio e a serenidade de sua determinação.

Gregório, ao lado de Anfilóquio, bispo de Icônio, comentava com Basílio os últimos acontecimentos. Recostados à mesa, degustavam pães, frutas frescas e vinho. Gregório, por sua vez, lhes dizia:

– Este imperador é um verdadeiro desastre. Como pode favorecer o arianismo, perseguindo, além dos próprios Cristãos, os pagãos, que antes protegia? Ele nem sabe o que quer!

– Ah! Seus interesses não são superficiais. Suas intenções são outras – disse Anfilóquio.

– O que pretende este vilão? – perguntou Basílio.

– Então não sabes? Os bens da Igreja despertaram a cobiça não somente do imperador, mas de todos os dirigentes do império que não são cristãos. Estamos numa época em que Roma atravessa séria crise econômica, devido aos grandes esforços de guerra para se manter a unidade imperial.

– Acredito que seja devido mais aos abusos cometidos pelos líderes de todas as regiões que às estratégias de proteção das fronteiras – completou Basílio.

– Ele que não conte conosco para rechear suas legiões de assassinos – acrescentou Gregório, levantando-se e andando de um lado a outro, nervosamente.

– O imperador sabe disso – disse Anfilóquio como conhecedor do assunto – e propõe medidas enérgicas. Na verdade, o império está sempre sob perigo. Apenas uma minoria dos cristãos quer ir à guerra; por isso, seu plano é cheio de terror para intimidar os insubordinados.

– E como seria esse "terror para intimidar"? – questionou Basílio, preocupado.

– Contam – respondeu Anfilóquio com ares de suspense – que agora, aquele que tentar escapar do serviço militar será condenado à morte! E que morte!

– Que horror! Seria por acaso atravessado por uma lança? – disse Gregório após esvaziar a taça.

– Pior que isso! – acrescentou Anfilóquio. – O desertor será queimado em fogo lento, e os que se arrependerem de última hora serão marcados na testa com ferro candente.

– Ah! Com essa violência o imperador pensa que se apropriará também da alma de seus súditos – disse Basílio esmurrando a mesa. – Engana-se! Ele sabe que não somos mais cidadãos do Estado em busca de terras. Hoje buscamos a pátria celestial. Quantas vezes ouvimos, nas lições platônicas, que somos todos cidadãos do Universo?

– Mas não vos fatigueis com tal preocupação – concluiu o Bispo, – pois há ainda muitas famílias pagãs dispostas a enviar seus filhos ao exército para lutar na guerra.

– Sim, o que os faz diminuir em número. Enquanto isso, nossas famílias cristãs enviam seus filhos aos mosteiros para se aperfeiçoarem na disciplina e formarem um exército divino.

– Então, o que preferes – disse Gregório – vamos nos alistar no exército para lutarmos por terras, ou nos tornamos monges para adquirirmos o céu?

– Deus me livre! – exclamou Basílio. – É evidente que já me decidi. Amanhã mesmo me despedirei de meus pais e estarei a caminho do mosteiro. Tu não vais?

– Que pergunta? Fui eu quem te convidou! Até te mandei antes um livro sobre a vida de Antônio! Aliás, leste?

– Como não? Mas ainda estou na metade.

Gregório há muito percebeu sua vocação para o celibato. Determinado a influenciar seu grande amigo, quando estava em Nazianzo enviou-lhe inúmeras cartas com o intuito de auxiliá-lo em suas decisões, para que fossem juntos.

Enquanto puderam, ambos fizeram juntos muitas viagens.

E depois de uma longa viagem para estudos no Egito, na Palestina e na Síria, vieram a conhecer as mais antigas e tradicionais Igrejas do Oriente e entraram em contato com a vida monástica, a tudo renunciando e consagrando-se a Deus, retirando-se para a solidão, no mosteiro de Cesareia da Capadócia. Enquanto seus contemporâneos se casavam, eles entregaram-se aos estudos sagrados e à vida ascética.

Contudo, Basílio não encontrou satisfação apenas no isolamento. Quis construir à sua volta. Poderia ser um advogado brilhante, mas preferiu advogar a causa do Cristo. Era um exem-plo de fidelidade a Jesus. O que mais marcou Basílio, nesta etapa, foi um livro com que Gregório o presenteou, em que Atanásio escreveu sobre Antônio que, aos vinte anos de idade, distribuiu sua herança entre os pobres e durante muitos anos viveu solitário nos montes. Baseado neste trabalho, Basílio organizou um mosteiro para as pessoas que a ele acorriam.

Gregorinho, ao contrário, estava bem casado e, tornando-se professor da universidade, começou a escrever sobre a moral imortal. Cada um escrevia seu destino com pensamentos e atos.

O TEMPLO DE DELFOS

Naquela noite, em palácio, o imperador Juliano andava de um lado a outro, em seu luxuoso quarto, sem conseguir dormir. Um fiel conselheiro chamado Serprus acompanhava-o, ouvindo suas queixas com forçado interesse, sem saber bem o que fazer para saná-las.

Retomando as lamentações, Juliano continuou com o punho cerrado para o ar:

– Durante dez longos anos eu esperei. Os filhos de Constantino usurparam o trono às custas do assassinato de meus pais. Felizmente, um durou pouco; outro perdeu o prestígio, devido a sua tirania. Não concordas que os deuses me abriram caminho, Serprus?

– Isso te foi benéfico, Majestade – disse ele reverente.

– Sim, a luta contra os persas enfraqueceu tremendamente o império e como Constantino II era incompetente, precisou de nós. No entanto, ele chamou o homem errado, meu irmão Gallus, que infelizmente escapou comigo do massacre.

– Perdoa-me, meu senhor. Se me permites, não deves falar assim. É teu próprio irmão!

– Ora, Serprus – disse irritado – tu e tua aguada educação cristã! Na verdade, nunca me influenciaste. Até hoje o que realmente me influenciou foram as lições de meus mestres de Atenas.

Serprus nada respondeu.

– Responde-me, se tu és um servo fiel: quem conseguiu

reprimir as invasões dos francos?

– Tu, Majestade.

– Quem impediu que os Alamanos destruíssem o império?

– Ninguém mais que tu, ó Soberano.

– Quem tomou a frente da batalha contra os persas, fazendo-os escravos e obtendo riquezas tais que tornaram ricos todos os homens corajosos?

– Apenas tu, ó César. Se bem que o filho mais moço de Constantino foi ferido de morte em sua própria tenda, e não havia nenhum inimigo por perto. Além do mais, nunca foste aliado dos cristãos.

– Cala-te, insolente! Sou o imperador e não admito insinuações. Fui reconhecido como soberano legítimo. E fiques sabendo que não ocultarei teus sentimentos pelos deuses do Olimpo!

Serprus, assustado, jogou-se aos pés do imperador e implorou:

– Não menosprezes a escada que galgaste para chegar ao poder. Tem misericórdia! Não serias capaz de vilipendiar teu berço cristão!

– Não te preocupes, velho tolo. A loucura não é o meu fraco. Cuidarei de agradar a todos os meus súditos. Organizarei uma igreja pagã com sacerdotes próprios e com uma doutrina em que se misturarão crenças relativas ao Sol, preceitos evangélicos e teorias neoplatônicas. Será perfeito!

– Se não precisares mais de mim esta noite – disse o conselheiro desanimado – rogo permissão para me retirar. Que Jesus te abençoe e ilumine.

– E Júpiter também – respondeu o imperador com ironia. – Não estás dispensado. Ao contrário, ordena que me preparem um banho; mas antes traze-me o ópio...

– Mas, senhor...! – disse o conselheiro, temendo que a substância da planta pudesse desequilibrar ainda mais as ideias do imperador.

– Eu disse agora! – vociferou Juliano como que fora de si. – Servos imprestáveis!

O homem se retirou às pressas, e logo vieram três escravos a prepararem o banho. Um deles trazia numa tigela de ouro o que o imperador havia pedido.

No dia seguinte, o novo imperador partiu para Delfos, a fim de consultar o Oráculo e obter as instruções dos deuses.

.*.*.*.

Em Delfos, a Pitonisa era a autoridade máxima.

O Templo era especialmente majestoso. À entrada, três vigorosas pilastras sustentavam a gigantesca laje principal.

Jardins bem cuidados davam acesso à escadaria que levava o visitante a se admirar do local. O recinto sagrado estava delimitado por um muro em meio a altas encostas, num cenário fantástico. Subindo-se mais uma escadaria, chegava-se ao períbolo[11] superior, onde se implantava o centro do templo.

O visitante poderia passar por um corredor circular repleto de inscrições sábias.

Vários monumentos disputavam a atenção dos que por ali subissem, mas nenhum despertava mais admiração que a estátua imponente de Apolo, magnificamente talhada em mármore, descrevendo com detalhes o nu masculino sem qualquer sinal de imperfeição. Paralelamente ao corredor circular, havia câmaras bem fechadas repletas de ofertas, tesouros incontáveis que os perscrutadores dos mistérios do futuro traziam em oferenda ao deus. A riqueza material ali acumulada era incontável. Séculos de acúmulo e pouco gasto. Peças de ouro e de prata, pérolas brancas e negras de vários tamanhos, gigantescos adereços cravados de diamantes e rubis, baús enormes repletos de moedas de ouro, espadas, vasos e tantos e incontáveis objetos que, com certeza, eram oferecidos por príncipes e princesas de todo o mundo, os quais vieram em busca da arte de desvendar o futuro.

---

[11] Espaço arborizado em volta dos templos – nota da editora.

Mais adiante, logo após o círculo dos doze signos do Zodíaco, o santuário de Atena abrigava aos seus pés inúmeros ramalhetes de flores multicoloridas e frescas. Saindo pela porta oposta, vamos encontrar aos pés de uma pequena escadaria quase reta, uma mulher de mais ou menos trinta anos, de traços belos e sedutores, bem vestida, delicadamente penteada e levemente maquiada, conversando baixo com um rapazote sentado sobre as próprias panturrilhas, o qual a ouvia com os olhos de quem admirava em demasia a mãe.

A pitonisa, a que nos referimos à beira da praia, mantinha-se o máximo de tempo possível a preparar seu filho para assumir seu lugar. Seu aspecto, no entanto, vestida de seda branca e cordões de ouro, em nada lembrava a mulher maltrapilha de dez anos atrás. Olhando-o nos olhos, ela dizia carinhosamente ao seu filho:

– Meu filho, as divindades não me permitiram conceber uma filha para que ela pudesse assumir meu lugar como pitonisa. No entanto, deram-te a mim, e tu me segues como um verdadeiro discípulo. Tenho procurado educar-te nas mais profundas e sagradas fórmulas. Sinto, porém, filho meu, que meus dias estão se esvaindo. Não somente os meus, mas também os deste grandioso Templo.

– Não fales assim, querida mãezinha!

Com violência ela puxou-o pelo braço e disse com rispidez:

– Jamais ouses interromper-me quando estiver ensinando-te! E se te falo, é porque é importante.

– Perdoa-me.

– Durante anos – prosseguiu Sibila – tenho sido a sacerdotisa de Píton. Com muita discrição e sabedoria, pronunciei os oráculos de Apolo sentada na trípole que o próprio deus consagrou. Progressivamente, após o domínio dos romanos, o grande santuário tem sido menos procurado. Com a força estranha dos cristãos, ele será esquecido e, se minhas percepções estão corretas, poderá até mesmo ser destruído. Eles já são muitos, diria que são milhares, espalhados por todo o mundo.

O garoto continuava ouvindo sem interromper, mas diante de tais palavras arregalou os olhos. E ela continuou:

– É do desejo dos deuses que eu saia deste lugar, mas antes eu te iniciarei no serviço do grande Templo. Serás o primeiro dos homens a ocupar o lugar de sacerdote de Píton...

Nesse momento, ambos são interrompidos por uma voz feminina que a chamava:

– Sibila! Onde estás?

Aproximando-se a voz, a pitonisa disse ao menino:

– Some da vista de todos e põe-te a caminho de nosso esconderijo. Espera-me lá!

O garoto cuidou de chamar para si os seus animais de estimação, que sempre o acompanhavam: um gato negro, uma serpente e um corvo.

Uma jovem surgiu ao fim do corredor e, ofegante, falou com voz delicada:

– Sibila, finalmente te encontrei. Chegou uma mensagem do imperador Juliano. Amanhã ele estará aqui para consultar o Oráculo.

– Com satisfação – respondeu ela, – estaremos prontas. Certamente os deuses não nos desampararam, pois um imperador ainda nos procura. No entanto, ouve minhas recomendações: não quero que preparem nenhuma erva. Quero falar com ele eu mesma, lúcida.

A jovem, cochichando-lhe ao ouvido, continuou:

– Dizem que ele odeia os cristãos.

– É mesmo? – espantou-se Sibila. – Não me digas! Então, mais um motivo para que eu esteja livre dos efeitos das ervas.

– Como queiras, senhora.

A moça distanciou-se a passos curtos e rápidos, e Sibila permaneceu ali por mais alguns instantes, pensando em algo para surpreender Juliano.

Enquanto se dirigia a Delfos, junto com sua comitiva, o imperador tomou providências quanto às modificações que pensou fazer. Percorreu algumas cidades e percebeu o trabalho grandioso feito pelos cristãos. Por uns instantes, chegou mesmo a sentir-se envergonhado de sua condição pagã.

Foi testemunha do novo espírito de compreensão e amor que emergira das catacumbas e que conquistava boa parte da sociedade romana. Resolveu escrever para seus conselheiros, assim dizendo:

"Por que nos apegamos a nossos mais arcaicos costumes e não abrimos nossos olhos à contemplação das razões pelas quais progride e aumenta cada dia a religião cristã, a caridade para com os estrangeiros, o cuidado de dar sepultura aos mortos, a santidade de vida? E por que não procuramos construir hospedarias para socorrer literalmente aos que vêm visitar-nos, não só gentios, mas também os de outra religião qualquer, se forem verdadeiramente necessitados? É vergonhoso que os cristãos alimentem, não só seus pobres, mas também os nossos. Parece que os indigentes gentios estão desamparados por seus próprios irmãos. Que se tomem providências."

Sibila, no entanto, tinha planos para Juliano. Guardara em seu coração todas as mágoas. Chorara sozinha e em silêncio durante muitas noites. Escondera o precioso filho de todos os mortais. Haveria de se vingar de seu amante, que a obrigara a coabitar com ele à força, arruinando-a e desprezando-a à própria sorte, como fez com muitas outras. Alexandre era filho de ambos, mas isso era segredo que Sibila guardara de todos. Ela sentia-se a mais aniquilada de todas as criaturas, visto que fizera sagrados votos virginais a serviço do Templo. Mas uma surpresa aguardava o Imperador.

TRÁGICA PROFECIA

    Chegando a Delfos, acompanhado por uma tropa particular e por um servo, que trazia um cordeiro nos braços, Juliano observou tudo ao redor e entrou com o queixo erguido. Colocou ricas oferendas aos pés de Apolo. O servo cuidou de apunhalar o cordeiro, deixando o sangue jorrar no altar dos sacrifícios. O imperador entoou uma longa prece, rogando orientações ao deus. Logo após ele, alguns servidores também entoaram preces.
    Depois de alguns momentos, estabeleceu-se um curto silêncio. Uma jovem encaminhou Juliano até o círculo dos doze signos do Zodíaco. Ele recebeu um junco com ponta fina, tocou-o na poça de sangue e riscou com ele alguns traços no meio do círculo. Conforme o ritual, o código seria decifrado pela pitonisa. Feito isto, com a face coberta por um véu, a pitonisa aproximou-se, tendo nos dois braços e rentes ao peito um longo rolo de papiros escritos em hieróglifos primorosamente desenhados.
    Todos que ali estavam reverenciaram, e Juliano teve a autorização para fazer a pergunta. Em voz audível, ele perguntou:
    – Serei próspero em meu reinado?
    A pitonisa, em silêncio, observou novamente os riscos de sangue no círculo, desenrolou o papiro, leu algo. Logo a seguir, enrolando-o novamente, falou em alto e bom-tom:

– Eis a tua resposta: Apolo não mais reside aqui, nem em lugar algum da Terra. Foi-se para sempre. Não há mais moradas dos deuses, pois eles silenciaram-se diante do Deus único.

Juliano, profundamente irritado, não gostou da assertiva e, olhando para os lados, bradou:

– Isso não é profecia nem revelação de deus algum. Estás a me enganar. Tu és uma impostora!

Avançou sobre a pitonisa e, rasgando o véu que lhe cobria o rosto, viu que aquele rosto não lhe era estranho. No entanto, não a reconheceu. E vociferou:

– Eis que aqui venho para encontrar respostas dos deuses e vejo uma mulher comum. Guardas! Quero a cabeça desta impostora imediatamente.

Num momento, inúmeros homens surgiram armados "até os dentes", apontando reluzentes lanças em direção à pitonisa, causando gritos e pânico entre as servas.

Sibila corajosamente tomou a vara embebida em sangue, apontou-a para Juliano e disse com autoridade:

– Alto lá, infame! Tu te arrependerás amargamente. Posso arruinar-te como a um verme rastejante com um simples ato.

O imperador, supersticioso como era, intimidou-se e disse:

– Baixem as armas! – Um silêncio trêmulo fez com que todos voltassem a si. Juliano estava confuso com tamanhas surpresas.

– Por que zombas de minhas sagradas intenções?

Ela lançou-lhe um olhar penetrante e falou:

– Assim também fizeste há anos quando te deitaste com tantas mulheres e nem sequer guardaste o rosto de tuas vítimas. Vai, homem fraco, não desejo tua presença! Ao contrário, desejo estar distante de ti, quando o fracasso visitar-te e teu sangue jorrar na espada inimiga. Vende tua riqueza usurpada e dá como esmola aos pobres. Quem sabe os deuses terão misericórdia de ti!

– Estás louca, impostora! Nunca estiveste em meus braços e jamais estarás, mulher pérfida! Percebo que tu também deves ter enlouquecido como quase todo o povo, pois tuas ideias não são diferentes das dos cristãos.

Ela respondeu friamente:

– Nada tenho com os cristãos, sequer os conheço, mas posso assegurar que os imperadores cristãos tiveram e terão mais vitórias que tu, que tens as mãos marcadas pelo sangue de teus parentes.

Juliano, que se havia sensibilizado com as obras cristãs, mas ainda as odiava, ali mesmo, ouvindo aquelas palavras, começou a blasfemar contra qualquer um que não fosse pagão.

E, dando as costas à pitonisa, saiu bruscamente e esbravejou:

– Não me darei por vencido!

Confuso, cambaleante e esbarrando pelas paredes dos corredores, retirou-se Juliano, com a ajuda dos seus, em busca do portão de saída.

O chefe da comitiva, vendo-o assim humilhado e corrido, opinou:

– Meu senhor, basta apenas um sinal teu para que destruamos este lugar e matemos estas filhas da escuridão.

– Ainda não é o momento. Sigamos!

Juliano viajou febril e delirante.

Tão logo chegou ao palácio, chamou seus assessores e ordenou:

– Não transformarei meu império em um amontoado de fracos. Que sejam demitidos todos os cristãos que ocupem cargos oficiais e públicos. Não quero tropeçar com essa gente. A partir de hoje, estão proibidos de ensinar ou mesmo de comentar a filosofia ou de ensinar qualquer criança ou jovem. O deus Sol será a principal divindade de Roma. Preparem-me um banho imediatamente. Estou cansado. Amanhã cuidaremos também da investida contra os persas.

No outro dia, o imperador partiu para lutar contra os persas.

Após alguns meses, os pagãos já cantavam vitória. Mesmo reprimidos, antes por Constantino e depois por seus filhos imperadores, ainda implicavam com os cristãos. Se não podiam matá-los, criaram o hábito de chacoteá-los.

Na rua do mercado em Antioquia, João fazia compras para sua mãe quando ouviu um comerciante pagão indagar a ele zombeteiramente:

– Se está mesmo no céu, em que se ocupa atualmente o tal Jesus, o filho do carpinteiro?

João respondeu tranquila e imediatamente:

– Se ainda fosse um carpinteiro, estaria serrando tábuas para o caixão do imperador. Mas, como tem coisas mais importantes para fazer, deve estar cuidando para que todos nós estejamos mais preocupados em salvar-nos de nossos vícios.

O homem voltou ao trabalho, um tanto desconcertado.

Exatamente naquele momento, Juliano se dirigia para o seu fim. Após um avanço contra os persas até Ctesifon, o exército romano realizou uma desastrosa retirada, na qual o próprio imperador, após ter governado somente vinte e quatro meses, atingido por um golpe de dardo, sucumbiu em sua última batalha.

Disseram alguns soldados pagãos, que se converteram naquele dia e lugar, que em seu último suspiro o imperador olhou para o alto e disse:

– No fim, venceste, Galileu!

A desencarnação do imperador impediu que se desencadeasse uma perseguição, talvez bem sangrenta, contra os cristãos. Esse acontecimento marcou o fim da denastia de Constatino. Os cristãos comemoravam.

Serprus entrou para um mosteiro na Capadócia, onde viveu tranquilo até seus últimos dias.

Zila retorna em viagem para Cesareia da Capadócia, a fim de relatar as novidades. Gastava com viagens toda a riqueza que seu falecido marido lhe deixara. Não ligava para o que as outras mulheres falavam de seu atrevimento. Dizia:

– Quem dá ouvidos às fofocas? Viajo sim, porque posso! Não tenho medo de ninguém nem de nada. Preciso deixar meus entes queridos a par de todos os acontecimentos. Afinal, quem entende esses imperadores? Ora são a favor, ora contra, e o povo sofre!

Sua última estadia em Cesareia não foi muito feliz. Encontrou apenas sua sobrinha Macrina, pois sua irmã e seu cunhado haviam desencarnado e seus sobrinhos haviam-se mudado. Restou à Macrina ouvir as novidades.

– Precisas saber das últimas do império. Para substituir Juliano, o estado maior do exército e os principais da comitiva imperial escolheram o comandante da guarda, Joviano, para ser o imperador no lugar do falecido. E ele tudo tem feito para estabelecer a paz com os persas, para os quais foi capaz até de entregar parte da Mesopotâmia.

– Isso não importa, minha tia. Merece agora a nossa atenção a situação do clero. Quem sabe? Talvez ele consiga dominar esses rudes imperadores. Meus dois irmãos estão fortemente ligados à Igreja. Não é ela a unidade de base de todo esse conjunto de instituições?

– Sim – respondeu Zila – e espero que esteja bem estabelecida a distinção entre a massa de fiéis e o clero.

– É claro! E está fortemente hierarquizada: bispos, sacerdotes, diáconos, subdiáconos, embora a fronteira seja bastante indecisa. Mas, por que te preocupas?

– Tenho meus motivos. Se, por um lado, as ordens de viúvas, de virgens consagradas e de diaconisas possuem um estatuto que as classifica à parte dos simples fiéis, por outro, há um perigo, porquanto os mais ricos entre esses fiéis exercem uma forte influência na administração da vida da Igreja.

– De que falas, minha tia?

– Infelizmente, não raras vezes, existem intervenções de mulheres intrigantes, sobretudo quando benfeitoras ricas, nas eleições episcopais.

– Não é verdade! É impossível!

– Duvidas?

– Não. Mas dize, o imperador é mesmo um cristão?

– Sim, graças a Deus, pois está restabelecendo a tranquilidade interna. E a melhor notícia é a de que ele suspendeu todas as ordens do apóstata contra o Cristianismo.

– Que boas novas! Esta é uma notícia maravilhosa. É a que tanto esperávamos. Basílio vai gostar de saber.

– Sim, minha sobrinha. Hoje mesmo retorno a Constantinopla. Depois vou a Milão.

– Tens certeza de que tais viagens são seguras?

– Não tenho, mas meus guardas são eficientes. Afinal, que farei em Roma? Fico entediada e somente me alegro quando vejo outros lugares, outras pessoas. Assim me sinto feliz. Agora preciso ir. Que Deus te abençoe.

– Que Deus te acompanhe, tia.

.*.*.*.

No mosteiro da Capadócia, Basílio não estava distante do ideal que queria para si mesmo. Inicialmente, de conduta quieta e calma, observava em torno de si os monges nas suas personalidades saltitantes, encantadoras, extrovertidas e brilhantes. Cada qual parecia estar mais bem preparado para qualquer desafio. E ele demonstrava ser apenas mais um entre os outros. Não compreendia ainda a sensível mudança interior por que passara.

Alguns até acreditaram que ele não teria chance contra as possíveis tentações íntimas; retomaria ao seu antigo posto de advogado na primeira adversidade.

No entanto, pouco a pouco todos os monges com quem conviveu eram obrigados a render um respeitoso tributo à sua superioridade.

E, silenciosamente, creditavam a ele qualidades que ainda não possuía. Ainda assim, logo que se iniciou no ministério, a maioria dos monges e padres detestava aceitar orientações que não fossem as do bispo.

Basílio fazia os comentários mais inteligentes a respeito das Sagradas Escrituras. Havia sempre uma tênue aura de melancolia e seriedade em tomo da personalidade dele. A severa disciplina e a comovente abnegação levavam-no à persistência. Ele não mudou sua estrutura mental após entrar para o clero. Era o típico homem culto, cumpridor de seus deveres, discreto em suas virtudes e extremamente fiel aos princípios de compreensão, de tolerância e de dignidade humanas.

UM MEDALHÃO DE PRESENTE

Passado um ano Zila retornou, pois o imperador Joviano desencarnara, abrindo novamente o problema da sucessão imperial. Este problema foi resolvido com a designação de outro militar, Valentiniano, que iria fundar uma nova dinastia.

Valentiniano aliava à energia a capacidade administrativa indispensável para o bom desempenho da difícil missão de governar o império. Para facilitar sua tarefa, escolheu como aliado o irmão Valente, ao qual deu o título de Augusto.

O império foi, pois, dividido entre os dois irmãos, cabendo o Ocidente a Valentiniano e o Oriente a Valente. Valentiniano assegurou a todos os súditos a liberdade de prática religiosa, procurando, apenas, coibir os abusos. Era cristão, porém evitou imiscuir-se em controvérsias doutrinárias. Para evitar que os humildes sofressem os excessos dos poderosos, especialmente dos ricos e nobres, criou, para cada município, um defensor da plebe.

Essencialmente militar, reprimia energicamente as tentativas de invasão dos bárbaros.

Infelizmente, foi numa dessas investidas dos bárbaros que a carruagem de Zila foi assaltada. Após reagir, ela foi morta junto com sua serva. Seus guardas lutaram bravamente, mas sua luta foi em vão. Sucumbiram diante da espada do cruel inimigo.

Zila não tinha filhos, seus únicos herdeiros eram os seus sobrinhos. Ao receber a trágica notícia, Basílio agiu rapidamente para que sua herança e a de seus irmãos fossem revertidas na construção de abrigos para estrangeiros e mendigos.

As casas de sua tia e o palácio onde ela residia foram transformados em mosteiros, asilos e hospitais.

O imperador Valente não era tão hábil para administrar o império. Faltavam-lhe organização, bondade e, acima de tudo, homens de confiança ao seu lado. Havia bajuladores que mais o confundiam que auxiliavam. Logo que assumiu, enfrentou dois sérios problemas: um político e outro religioso.

Procópio, primo de Juliano, considerou por direito tomar para si o cargo de prefeito de Constantinopla, indo chocar-se contra Valente, que não queria nenhum parente de Constantino no poder.

Procópio, primo de Constantino, não era um homem de todo insensato. Naquele ano, sua sobrinha havia desencarnado junto ao esposo em mais um dos ataques dos persas aos viajantes bizantinos. Já não havia muita segurança. Quase todas as viagens estavam proibidas.

O país pulsava, o povo estava aterrorizado. Beirar as fronteiras era certeza de ser assassinado.

O casal havia deixado uma filha de sete anos e uma imensa fortuna. Olímpia, com sua inteligência e bondade precoce, havia conquistado em pouco tempo a simpatia de todos da cidade, inclusive de seu primo, o prefeito.

Anfilóquio e seu primo Gregório se colocavam à frente de todas as situações que envolvessem os desprotegidos.

Teodósia era uma mulher de aproximadamente trinta anos e de semblante tranquilo. Era muito responsável com suas obrigações, tendo permanecido solteira junto ao único irmão, Anfilóquio.

Na prefeitura, enquanto Procópio assinava a entrega da tutela da menina Olímpia à Teodósia, Gregório e Anfilóquio comentavam sobre os valores morais daquela nobre mulher.

– Realmente – disse Gregório, – foi uma felicidade para Olímpia ter sido confiada por Procópio a tua irmã. A prima é um modelo de bondade. Em sua vida, como que num espelho, todas as virtudes podem ser vistas.

Esses gigantes ampararam Olímpia e fizeram com que o

prefeito, em vez de usurpar-lhe as terras, os palácios, os escravos e animais, colocasse-a sob a tutela de Teodósia, irmã de Anfilóquio.

Teodósia lembrava, por suas características, a máxima daqueles que confiam no Senhor: são como o monte de Sião, não se abalam, permanecem firmes, de pé. Sua atitude forte e silenciosa dava a impressão de que era a senhora de todas as circunstâncias. Nada perturbava aquela natureza sólida. Quase não se percebia sua presença na casa, assim como não se percebe, após longo tempo de conversação, a árvore frondosa que sombreia seus interlocutores.

Ela amava a solidão, assim como um monge aprecia a brisa serena das últimas horas do crepúsculo. Era alta, de corpo bem proporcionado, com cabelos e olhos escuros. Era paciente como o próprio tempo. Parecia conhecer o momento exato para tudo. Confiava na sabedoria de cada amanhecer e reflexionava, demoradamente, nas escrituras sagradas. Sabia o significado das palavras de Jesus: "Não vos preocupeis com o dia de amanhã; a cada dia baste o seu trabalho"[12]. Era de uma personalidade profunda como as florestas.

Dava uma impressão nostálgica de quem percorre as planícies, as montanhas e as profundezas dos oceanos, com significativo cuidado para não despertar desse gozo divino a obra gigantesca do Criador.

Era sensível como uma noite estrelada. E sua fé movia os acordes dessa sensibilidade para transportar a pesada montanha do egoísmo para bem longe. E por isso era leal, natural e sincera. Sua natureza afetuosa fazia com que todos tivessem a certeza de serem amados. De postura inabalável, gostava da boa comida, e talvez por isso os jejuns costumeiros lhe fizessem mais bem que aos outros.

Não cogitava sonhos, mas sabia ver, na realidade do presente, a atitude prática e a oportunidade certa para dar início a um bom plano. Executava com disciplina quase comovente os

---

[12] Mateus 6:25-34, Lucas 12:22-31.

deveres diários, buscando a estética. A perfeição era o prêmio de seu esforço e de sua coragem. No entanto, não compartilhava com o desperdício nem com a extravagância. Antes dos trinta anos, sua formação moral já havia chegado à "idade da razão".

O seu falar era realmente o "sim, sim" e o "não, não". Para ela não havia meio termo. Não existiam muitos termos para expressar seus pensamentos. E assim, nenhuma palavra sua era em vão. O equilíbrio, a impassividade ante a dor e a tensão emocional, a coragem, a disciplina, a firmeza e o profundo sentimento de sincera fidelidade ao amor eram os registros básicos de Teodósia.

Para parecer simpático, o imperador presenteou a menina com um eunuco do palácio para lhe fazer companhia. Este era cinco anos mais velho que ela.

No ano seguinte, Valente expulsou Procópio da cidade, sob a acusação de haver ele usurpado o cargo. Seus amigos lhe ofereceram guarita, mas ele preferiu ir para a Gália, ali permanecendo até seus últimos dias.

Distante dali, naquela mesma tarde, mãe e filho se uniam novamente. Sibila e seu filho Alexandre, agora um adolescente alto e belo, continuavam na iniciação sacerdotal. A pitonisa dizia-lhe:

— Filho, tu te tomarás um grande Píton, um sacerdote a serviço dos deuses. Nunca te revelei a origem do grande Oráculo, mas creio estar na hora. Pressinto que não atingirei a idade que desejas, pois abusei da proteção do Olimpo. Além disso, as ervas que usei desde a mais tenra idade não me permitirão prolongar os dias de minha vida. Sim, eu me arrependo e rogo que as trevas não sejam rígidas para comigo. É o preço que pagamos por não sermos imortais.

— Nenhum mal te fará morrer, minha mãe. És protegida pelos deuses, nada de ruim poderá acontecer-te.

— Enganas-te, filho. Muitas são as verdades que te ocultei. O teu pai, por exemplo. Bem sabes que jamais toquei neste assunto, pois muito me feria. Agora que ele está morto, posso revelar-te, porque sei que jamais irás procurá-lo, e ele não poderá ver-te a bela face nem o quanto és inteligente e sensível.

Alexandre agitou-se e, jogando-se aos pés da mãe, perguntou com emoção:

– Que dizes, mãe? Quem é meu pai? Não havia ele morrido em batalha?

– Sim, filho, teu pai morreu em uma batalha, mas não na época em que te revelei isso. Desde o princípio, sabia eu que teu pai morreria como morreu. No entanto, apenas disse que havia acontecido o que ainda iria acontecer. Sabes como é tua mãe. Para ela, não há segredos ou mistérios quanto ao futuro. Agora cala-te, que preciso orientar-te. Não me resta muito tempo. As instruções são muitas. Após a minha morte, não sei se poderei continuar orientando-te.

– Sim, mãe, compreendo-te. Não te julgarei. Para mim foi melhor não o ter conhecido do que sofrer agora por sua perda. Foste mais uma vez sábia.

Sibila, retirando do bolso um objeto dourado, entregou-o ao filho e disse:

– Recebe este medalhão como sinal dos dons de nosso sangue sagrado. Ele te protegerá e fará de ti um homem de bem.

Ele segurou-o com as duas mãos e olhou-o com admiração. Viu que era belo, talhado em ouro. Um verdadeiro sol com raios serpenteantes, muito brilhantes. Pendurou-o no pescoço. por dentro da veste, e disse sorridente:

– É lindo! Muito obrigado, minha mãe.

– Vem, filho, sê meu discípulo e ouve-me com atenção. Não desejo que utilizes as ervas que me fizeram sucumbir e abreviar meus dias. Serás mais feliz sem elas. Sempre aceitaste teus dons naturalmente. Não necessitas delas para suportares o peso das visões que os homens comuns não são capazes de ter.

– Concordo e obedeço.

Sibila continuou:

– Se queres te devotar ao grande Templo, deves viver uma vida sagrada. Os sacerdotes egípcios, antes de mumificarem os faraós, colocavam uma cópia do Oráculo debaixo da axila do falecido rei, para que lhe fosse útil na vida após a morte. Teu avô foi um sacerdote egípcio e copiou sem autorização tal oráculo.

– Meu avô era egípcio?

– Sim. Isso explica a bela e dourada cor de tua pele. Quando ele se casou com minha mãe, que também era pitonisa, ela havia fugido do terrível fim, antes da primeira destruição do Templo por César, durante sua sangrenta entrada na Grécia. Assim, reescreveram os hieróglifos do oráculo unindo a sabedoria milenar e imortal dos gregos e dos egípcios. Ainda criança minha mãe me iniciou na arte de prever o futuro. Mas, ai de mim, que não tive a mesma sorte que ela! Envolvi-me com o imperador e paguei caro por isso. Quase fui expulsa do Templo quando desconfiaram que estava grávida. Mas consegui ocultar-me e salvar a vida de meus dois filhos.

– Dois?! – perguntou o garoto, quase caindo para trás.

– Sim, filho. Tens um irmão. Não pude criar os dois, então deixei o mais frágil no portão de entrada dos fundos de um palácio. Oh! Quanto sofro por ter feito isso. Como me arrependo! Talvez seja esta a razão de não ter ido nunca procurá-lo: a culpa que sinto. Mas tenho certeza de que tu poderás encontrá-lo.

– Irei hoje mesmo – agitou-se Alexandre.

– Não te afobes. Quando for o momento certo, saberás. Até que eu vá, não te afastarás de mim.

– Sim, minha mãe.

– Ouve, filho. Já é tarde. Amanhã bem cedo iniciaremos as lições. Vou ensinar-te a ser um verdadeiro sacerdote. Aprenderás também a usar teus dons. Vamos dormir.

A partir daquele dia, Alexandre começou, em segredo, a procurar seu irmão, imaginando que sua mãe não desconfiasse. No entanto, ela tudo sabia, mas deixou que o destino os unisse, pois já não se sentia segura quanto às suas ideias.

O PROFESSOR

Partamos para Antioquia, a fim de participar de outros importantes acontecimentos. Entre os principais divertimentos dos antioquenos estava o hipódromo, onde a violência entre as facções recordava o estabelecimento congênere de Constantinopla.

Desde o início do Cristianismo, Antioquia tornou-se célebre graças aos adeptos de Jesus e às primeiras e grandiosas excursões que dali saíram. Naquela cidade, os discípulos de Jesus receberam dos pagãos, pela primeira vez, o nome de "cristãos".

A cidade atraía os estrangeiros tanto pela excentricidade quanto pela intelectualidade. Sua população cosmopolita e irrequieta incluía gregos, sírios e judeus.

Naquela tarde de domingo, a multidão acabara de sair do hipódromo e tomava as ruas indo na direção de suas casas.

Exatamente nesse momento, um rapazote com pouco mais de dezesseis anos se dirigia, despreocupado e distraído, na direção oposta.

Enquanto caminhava, aquele jovem mantinha os olhos fixos em um grosso rolo de papiros. Ao passar em frente ao grande portão do hipódromo, quase foi atropelado pelo aglomerado de pessoas que lhe surgiu de repente diante do nariz. Após equilibrar-se para não cair nem ser pisoteado, teve tempo para proferir algumas palavras de desaforo aos menos avisados:

– Por que não olhais por onde andais?

Aquele jovem, chamado João, era o filho de Antusa. Apesar de fisicamente frágil e muito magro, tinha passos firmes e coluna ereta. A testa larga denunciava sua privilegiada inteligência; o nariz bem desenhado combinava com o queixo arredondado. Os olhos grandes estavam mergulhados em cavidades cobertas por supercílios grossos. Não era belo, mas era agradável olhar para ele, embora estivesse sempre compenetrado e com expressão séria.

João caminhava a passos largos, decididamente para a frente, e de cabeça curvada em direção ao que lia. Parecia atento às minúcias e aos detalhes do caro texto.

Tornara-se normalmente agitado, detestando ficar sentado ou parado por muito tempo. Suas observações chocantes explodiam dentro de uma total inocência e deixavam, muitas vezes, alguns embaraçados.

Assim, tal qual uma criança, ele jamais mentia ou omitia algum fato. Nem mesmo a boa diplomacia saía de seus lábios quando a verdade tinha de ser dita. E, não raro, seus pensamentos atingiam ideias mais ortodoxas como um raio fulminante. Nada temia e algumas vezes se sentia atraído pelo perigo.

Dentre os do grupo de sua idade, talvez ele fosse o mais arrojado, sem, contudo, usar de arrogância, porquanto ignorasse o efeito de sua autêntica sinceridade.

Para ele a verdade era a verdade. A mentira, essa sim doía e machucava.

Sentia-se consternado pela sua própria falta de discrição, quando percebia que havia ferido alguém.

O que vinha à mente e ao coração deste jovem chegava quase que instantaneamente aos lábios. Ele era tão franco quanto um garoto de seis anos. No entanto, ninguém se ressentia por muito tempo, pois se tornava logo evidente que ele não tinha nenhuma intenção má. O que dizia geralmente era a mais crua verdade.

Sua mente estava sempre ocupada, planejando algo realmente espetacular para mostrar aos companheiros, que de nada suspeitavam.

Não suportava o formalismo e somente admitia a autoridade do espírito que fosse acompanhada por um conhecimento superior e uma condição moral aceitável. Emocionava a todos com seu natural talento para falar.

Buscava sensibilizar as fibras mais íntimas de seus companheiros com inspirações que pareciam vir do infinito. Seu otimismo o recuperava rapidamente de qualquer decepção.

Havia sempre uma multidão em torno dele.

Primeiro ele falava e agia, depois pensava; e isso às vezes lhe trazia sérios transtornos. Era um puro de coração.

João e Teodoro haviam completado seus estudos básicos. O jovem filho de Antusa estava ansioso por uma nova etapa mais profunda que começara nas aulas de retórica.

Naquela manhã de domingo, no mês de abril, João seguia um pouco atrasado em direção à escola onde estudava, para assistir pela primeira vez às aulas extras ministradas por Libânio, professor e orador brilhante. Ele tinha o hábito de marcar suas aulas fora dos dias normais da semana, atitude própria de quem vive só e não pensa em outra coisa a não ser em ensinar, esquecendo-se de que o domingo é um dia sagrado, ideal para se estar com a família.

Ao adentrar a sala repleta de outros jovens, uns mais novos outros mais velhos que ele, cumprimentou o professor, desculpando-se pelo atraso, e, vendo Teodoro, cuidou de assentar-se junto a ele. Assim que se acomodou, João preocupou-se em ouvir as boas vindas do professor, que estaria naquela tarde ministrando um curso especial de admissão aos que queriam aperfeiçoar-se na arte de bem falar. Movendo-se diante dos que o ouviam, começou a falar:

– Meus diletos alunos, a eloquência é uma virtude. Se um sábio não consegue expressar-se, como poderá compartilhar sua sabedoria? Terá sido em proveito próprio adquirir tal sabedoria, e isso é egoísmo.

Após começar sua exposição, Libânio não fazia questão de monólogos. Durante sua explanação, mantinha estreito contato com seus ouvintes, que não viam o tempo passar enquanto estavam com ele.

Dirigindo-se ao pequeno grupo em que estava João e percebendo que ele era um cristão pelo modo discreto com que se vestia – desprovido de braceletes de ouro, anéis ou colares, – perguntou sobre sua família. Teodoro, desculpando-se e pedindo permissão, tomou a palavra e respondeu:

– João é filho da senhora Antusa. Seu pai, antes de morrer, foi mestre de milícia, oficial de alta patente no quartel general, sendo comandante das tropas imperiais.

O professor olhou para João e perguntou:

– Que idade tem tua mãe, meu jovem, e há quantos anos ela ficou viúva?

João levantou-se e respondeu em alto e bom-tom:

– Senhor, minha mãe está com trinta e sete anos e perdeu meu pai aos vinte.

Após ouvir isso, Libânio ficou perplexo e. dirigindo-se aos outros alunos, exclamou com respeito:

– Oh! Que mulheres virtuosas se encontram no meio dos cristãos! Tornou-se viúva tão jovem e não voltou a se casar?

João não gostou e replicou com voz firme e loquaz:

– Não, senhor. E se me permite, que mal há nisso?

– Nenhum. Ao contrário. Deve ser uma mulher de grande valor e tem um filho que, apesar de muito jovem e ousado, tem excelente impostação de voz. Se te aplicares bem nas minhas aulas de retórica e estudares com disciplina, serás grande entre os oradores desta cidade.

João corou e desconcertado redarguiu:

– Muito obrigado, senhor.

Após as aulas, Teodoro e João foram juntos para casa.

João rompeu o silêncio.

– Gostei do Mestre Libânio. Apesar de ser pagão, é bastante sábio, não concordas?

– Mais sábios que ele são Deodoro de Tarso e o patriarca Melécio.

– É verdade.

– João, querido amigo, poderia tomar a liberdade de aconselhar-te?

– Claro, os amigos verdadeiros sempre podem aconselhar, pois falam para o nosso bem.

– Obrigado – disse Teodoro, – colocando a mão em seu ombro. – Olha, não respondas às pessoas de forma tão rude. Isso faz mal a ti e a elas.

João parou e, olhando-o nos olhos, tencionou dar outra má resposta, mas pensou melhor e disse cabisbaixo:

– É, detesto quando sou franco. A sabedoria sem amor é como o fogo que purifica, mas fere e pode destruir, em vez de construir. Enquanto a sabedoria com amor é calor que aquece e frutifica.

Os jovens riram subitamente e caminharam a passos largos para suas residências. Teodoro, porém, sempre envolvente e perspicaz, fez um convite ao amigo:

– João, amanhã poderíamos visitar os monges nas montanhas. Se obtiveres aprovação de tua mãe, partiremos logo que formos dispensados das aulas.

– E o que faremos lá?

– Ora, lá encontraremos os monges ascetas, livres dos tormentos da cidade, do barulho físico e mental dos habitantes.

– Será um prazer – disse João. – Com certeza minha mãe não se oporá.

De fato, após as aulas, os dois se dirigiram às montanhas próximas à cidade.

Basílio há muito tempo estava organizando os mosteiros da Capadócia. No Monte Sílpio, próximo a Antioquia, formara um grupo de monges dedicados à vida asceta.

Teodoro já havia visitado tão maravilhoso lugar e, encantado, fazia tudo para compartilhar com João sua alegria.

Apresentou o companheiro a Basílio e aos outros, mas João não se animou. Basílio, percebendo sua expressão de desânimo, falou:

– É preciso que haja aprovação da consciência e do coração para se seguir a vida monástica; do contrário, é apenas fuga dos problemas do mundo.

João tentou ser simpático, mas nada dizia. Mesmo sendo criado por Antusa segundo os preceitos cristãos, ainda que impregnado da vida um tanto mundana que levava, João olhou para todos os lados e, num ricto de pavor, perguntou a Teodoro, que havia aberto os braços e girava lentamente o corpo no ar, deliciando-se com a atmosfera:

– Como alguém pode sobreviver num lugar horrível e pobre como este?

Teodoro interrompeu-se e objetou com total serenidade:

– Oh! Não há vida melhor que a ascética. Que mais pode o homem comum querer, senão o ar das montanhas, a solidão, o silêncio, a proximidade com Deus, nosso Senhor? Aqui em cima encontra-se a tranquilidade, a sabedoria. Vem, vivamos aqui para sempre como monges a serviço do Todo-Poderoso. Que dizes?

João observava todos os detalhes. Por um instante tornou-se pensativo, lembrando-se dos sacrifícios que sua mãe fez e continuava fazendo por ele e da vida fácil que estava habituado a viver. E disse:

– Como haverei de deixar a vida na cidade e viver nas choças dos monges? Poderia eu viver sem me abastecer do necessário para sobreviver? Será que suportarei por muito tempo sem comer pão fresco? Fico ansioso só de pensar em usar o mesmo óleo para as lâmpadas e para a comida. Ainda mais se alguém me forçar a comer miseráveis pratos de feijões, ou a me acabar em trabalhos duros como cavar, carregar madeira, capinar e, o que é pior, levantar-me de madrugada, todos os dias. E o pior dos piores, sem mulher!

Teodoro mirava-o com piedade e, colocando a mão no seu ombro, disse, desanimado:

– Foi um erro ter te trazido até aqui. Não tens nenhuma vocação para a vida monástica. Perdoa-me, se tomei teu precioso tempo.

Naquela tarde, desceram em silêncio. Apesar de João ter desabafado. sentia algo estranho dentro de si, que não conseguia explicar.

Teodoro, ao se despedir, olhou profundamente nos olhos do jovem amigo e falou com emoção:

– A vida mundana cerra-te as vistas, tapa-te os ouvidos e tranca-te o coração para teu verdadeiro destino, do qual tens fugido com todas as tuas forças. Mas não poderás fugir do que te está designado pelo alto.

João apenas respondeu:

– Tens a mania de querer saber das pessoas mais que elas mesmas. Adeus! Vou para casa. Preciso de um banho, que hoje está muito quente. Além do mais, eu me sujei todo naquele lugar.

– Cedo ou tarde, despertarás em ti o monge e serás mais disciplinado que todos os que já existiram.

Despediram-se, indo cada um para seu lado.

Apesar de parecer rejeitar a ideia, João sentia-se tocado em seu íntimo. Aquelas palavras lhe calaram profundamente na alma, tal qual uma espada incandescente corta o gelo. Algo mais profundo o chamava; queria decifrar o que era, mas não conseguia.

Sua mãe gostaria que ele seguisse a carreira de defensor da lei, mas percebia que o filho se sentia profundamente atraído pelo estudo das letras. Enquanto não se decidia, envolveu-se durante anos com estudos sistemáticos e rigorosos.

O ASCETA

Depois de passar mais de quatro anos sob a orientação de um velho eremita, João procurou uma formação ascética[13]. Estava ansioso por viver nas montanhas. Precisava retirar-se à solidão do deserto, à imitação de muitos eremitas. Mas não queria ir apenas por ir, queria algo mais, queria ter certeza, queria ir completamente e para sempre. Precisava de uma força extra que o empurrasse para seu próprio destino.

Naquela tarde, após banhar-se, recostou-se nas macias almofadas que havia em seu quarto para refletir sobre sua vida.

Sempre teve a dádiva de contar com muitos amigos sinceros e verdadeiros, que não somente conheciam as leis da amizade, mas também as cumpriam. Teodoro, em sua dedicação, era maior que todos os outros; jamais se separava dele.

Mesmo que brigassem, ambos dedicavam o seu tempo ao estudo das mesmas ciências, desfrutando das instruções dos mesmos professores e demonstrando o mesmo interesse e o mesmo zelo pelo saber, nascido das mesmas condições.

Na maioria das vezes, tiveram uma perfeita concordância em suas inclinações, não só durante o tempo de escola, mas também fora dele, quando enfrentaram o problema da escolha de seu caminho de vida. Outros fatores que tornaram a união

---

[13] Coleção Homilias, de João Crisóstomo.

de ambos indestrutível e firme: nenhum deles tinha motivo para vangloriar -se, pois João não dispunha de riqueza exagerada, e Teodoro também não vivia em extrema pobreza, de maneira que até a medida de seus patrimônios mais ou menos se igualava.

Quando, porém, chegou a hora de eles se dedicarem à vida bem-aventurada dos monges e à verdadeira filosofia, um deles titubeou.

João, ainda aprisionado às cobiças do mundo, cativo dos prazeres da vida e das fantasias da juventude, distanciou-se.

Assim mesmo, a amizade entre eles continuava a mesma; apenas a convivência tinha terminado.

Uma semana depois da visita aos monges, num domingo, eles se encontraram em frente à igreja. Teodoro disse sinceramente:

– Já que não mais visamos ao mesmo fim, as nossas ocupações não podem mais ser comuns e idênticas?

João respondeu, decidido:

– Não deixarei meus divertimentos para me enfurnar em uma vida tola e inútil.

Teodoro, com a serenidade de sempre, falou:

– No momento em que emergires um pouco das ondas da vida profana, eu te estenderei a mão, para, novamente, atrairte à antiga harmonia.

O tempo passou, e Teodoro não mais procurou a João.

Cansou-se. Havia crescido o bastante em moral; já não poderia arrastá-lo. Entretanto, estimando sobremaneira a sua amizade, em sua bondade extraordinária, abandonou as relações com todos os outros companheiros, a fim de poder estar sempre com João. Isso também antes já tinha sido seu desejo, mas a leviandade de João lho impedira, pois era impossível que alguém, acostumado a vadiar nas praças e nos teatros, entregando-se apaixonadamente a seus prazeres, tivesse contato assíduo com quem, enterrado nos livros, nem sequer aparecia em praça pública.

Assim, depois de terem novamente reatado a antiga comunhão de amizade, amadurecia de imediato em Teodoro o desejo longamente alimentado de convivência com João, pois não conseguia ficar afastado dele nem por um instante. Insistia sempre com João para que, abandonando suas casas, morassem juntos. Conseguira convencê-lo, e faltou pouco para que o plano se realizasse. João, convencido afinal, resolveu falar com sua mãe. Buscando obter coragem, ele entrou em casa e, sem dizer nenhuma palavra, dirigiu-se ao seu quarto, solicitando aos servos que lhe preparassem imediatamente um banho, para que, refrescando o corpo, obtivesse alívio também para a alma.

Algumas horas depois, a mãe amorosa percebeu que algo errado estava acontecendo. Em sua intuição materna, notou que seus temores tinham fundamento.

Aguardou o filho descansar e, após a ceia, conseguiu retirar dele o que o perturbava. Notando o propósito do filho muito amado, conduziu-o ao quarto maternal e mostrou-lhe o aposento. Nele sentou-se, dizendo:

– Eis, meu filho, o leito em que, com muitas dores, te dei a vida. Tu és a razão maior de meu viver, bênção que Nosso Senhor Jesus Cristo me outorgou por misericórdia... E agora...

Nesse instante um nó lhe apertava a garganta, e as lágrimas a impediam de continuar. Deixou-se cair sentada nas luxuosas almofadas, escondendo o rosto com as mãos. João aproximou-se e, beijando-lhe as mãos pequeninas e geladas, sentou-se aos seus pés e perguntou-lhe amorosamente:

– Dize, mãezinha querida, o que te aflige?

Ela continuou com voz suplicante, secando as lágrimas que com certeza tocariam profundamente as fibras mais íntimas do filho:

– Filho, não foi por muito tempo que pude, conforme a vontade de Deus, gozar da companhia de teu pai. Às dores do parto, que por ti sofri, seguiu-se o desenlace do meu companheiro, que muito cedo te deixou órfão e a mim viúva. submetendo-me a todos os sofrimentos da viuvez, que somente podem aquilatar aqueles que tiveram de suportar.

– Mãe, que queres dizer? – perturbou-se João.

– Oh! Filho, não existem palavras capazes de descrever as tempestades e as ondas às quais se vê exposta a mulher jovem que, apenas tendo saído da casa paterna, sem experiência das coisas do mundo. repentinamente se vê presa de indizível dor e de problemas que ultrapassam a capacidade de sua idade: deve conjurar as negligências da criadagem, censurar suas maldades, desviar as intrigas maldosas dos parentes e suportar, com sangue frio, o rigor vexatório dos coletores, na arrecadação dos impostos. Se teu pai, ao morrer, tivesse me deixado uma menina como filha, exigiria de mim muito mais cuidado, mas sem grandes despesas e ansiedades. Mas um menino, cotidianamente, enche toda mãe de angústias e preocupações, sem pensar nas despesas pecuniárias, que não deve poupar, caso queira educá-lo e dar-lhe sólida formação. Não obstante tudo isso, nenhum desses problemas me levou a contrair novas núpcias, introduzindo um novo marido na casa de teu pai: perseverei-me firme na tempestade e no ímpeto das ondas, não fugindo do crisol da viuvez.

– Oh! Minha mãe, em algum momento eu fui para ti motivos de desgosto?

– Certamente que não. Já como criança, antes de falar na idade, portanto, em que os filhos costumam ser motivo das maiores preocupações para os pais, tu me eras causa de muita e profunda consolação.

– Então por que falas comigo como se eu estivesse a cortar-te o coração?

– Deixa-me continuar. Não me feres, filho meu, jamais o fizeste. Tu foste uma grande força que recebi da Providência Divina. Além disso, era grande consolo nesta minha triste situação poder contemplar em teu rosto a imagem fiel do esposo falecido. Tampouco poderás acusar-me de que, se bem que tenha suportado corajosamente a viuvez devido às necessidades, tenha diminuído tua herança paterna, o que costuma acontecer com muitos que prematuramente se tornam órfãos. Conservei intacto o teu patrimônio e, apesar disso, de maneira nenhuma deixei faltar o necessário para tua boa e sólida educação. Custeei tudo com o meu próprio patrimônio e com o que tinha trazido de minha casa paterna.

João não compreendia o exagero de tais insinuações, mas insistiu:

– Em momento algum, minha mãe, quis requisitar qualquer patrimônio. Gastou-se em meus estudos – não querendo eu ser injusto – porque tu mesma fizeste questão. Por que agora me censuras?

– Não creias que estou citando isso para censurar-te. Oh, não! Por tudo isso apenas eu te peço um único favor: não me deixes enviuvar pela segunda vez, não desperte de novo a dor apenas adormecida. Espera até o meu fim! Provavelmente morrerei em breve. Para a mocidade, ainda se acena a esperança de chegar a uma idade bem avançada: a nós, idosos, não resta mais outra esperança, senão a morte.

– Não digas isso, mãe querida, não és tão idosa. Acaso queres que o desgosto se instale em nossa casa antes da hora? Que se passa? Estás doente?

– Ouve de uma vez por todas, já que não te fazes entendido – gritou Antusa rompendo em soluços. Tão logo me tiveres entregado à terra, juntando o meu corpo ao de teu pai, estarás à vontade para empreender longas viagens e singrar os mares. Ninguém te impedirá. Todavia, enquanto estiver viva, não desprezes morar em minha casa; não peques levianamente e sem motivo contra Deus, entregando-me inocente a tal infelicidade!

– Para com isso, mãe. Compreendo que me queres administrando os bens da família, mas, com todo respeito, tua eloquência perde para as tragédias teatrais!

– Falo sério. Não zombes de tua mãe. Se tiveres motivo para censurar-me por envolver-te demasiadamente em coisas mundanas e obrigar-te a assumir a administração de meus bens, então não consideres a lei da natureza, nem a educação recebida, nem a longa convivência comigo, nem qualquer outra coisa, mas foge de mim como de tua inimiga mais traiçoeira! Se, porém, estiveres convencido de que eu sempre te tenha deixado o tempo mais que suficiente para os teus afazeres, nunca tenha interferido em teu modo de vida, então, sem qualquer outro motivo, pelo menos este fato te segure junto a mim.

João abraçou-a com carinho e, sentindo seu coração bater sofregamente, falou:

– Oh! Minha mãe, não temas. Mesmo que milhares de pessoas amigas me recebessem calorosamente em suas casas, ninguém poderia deixar-me liberdade tão vasta como a que tu me tens dado.

Ela sorriu amistosamente e, secando as lágrimas abundantes, concluiu:

– Pois não pode existir alguém nesta terra a quem o teu bem-estar seja tão caro como a mim, tua mãe.

Abraçaram-se calorosamente e juraram não tocar mais no assunto.

Na manhã seguinte, João foi procurar Teodoro para comunicar-lhe sua decisão irrevogável. No entanto, ao transmitir-lhe a palestra que teve com sua mãe e suas súplicas aliadas a sua vontade própria, este, além de não concordar, ainda insistiu, repetindo seu pedido e apelando para as sagradas missões à qual dizia estarem designados:

– Meu irmão João, ouve o chamamento do Céu. Nosso Senhor Jesus Cristo já nos advertiu que, se amássemos mais a nossos parentes que a ele, não seríamos dignos dele.

Em meio à ambiguidade, João disse obstinado, quase colocando o dedo indicador no nariz do amigo:

– Nada me fará mudar de ideia. Não anteciparei a morte de minha mãe. Além do mais, não é o Cristo que me chama, mas tu!

Teodoro silenciou, caminhou alguns passos e, retornando, falou:

– Perdoa-me; tenho-me precipitado. Sentindo em ti a fé e a força fervorosa digna dos sacerdotes, confundi-te com um deles. Não tens tal vocação. Assim, não permitamos que tais pensamentos deturpem nossa cristalina amizade. Seguirei meu caminho e tu seguirás o teu.

– Entende-me – disse João cabisbaixo. Apenas não me

sinto digno, muito menos preparado.

– Sejamos lúcidos – falou Teodoro. – E que haja unanimidade em nossos pensamentos. Tua vontade será a minha vontade.

Despediram-se e João tomou o caminho de casa para comunicar a decisão à sua mãe. No entanto, chegando ao lar materno, eis que uma surpresa o aguardava. As discussões ainda não haviam terminado, ao contrário, apenas estavam começando.

Antusa, sentada em uma rede, trazia à mão um bordado, que continuou a fazer, enquanto falava com o filho, sem olhar para ele:

– A minha vontade, meu filho, não representa a vontade de Deus. Devemos ter sabedoria para entender e humildade para aceitar os desígnios do Senhor.

– De que falas, minha mãe? perguntou João. – Não vamos brigar outra vez! – Ela parou o bordado e, olhando-o, disse:

– Então não sabes? Agora mesmo venho da celebração vespertina. Fui rezar e pedir à Mãe Santíssima um sinal que me abrisse os olhos, a fim de encontrar a decisão correta. Ouvi rumores entre o clero. Desejam elevar a ti e a teu amigo à dignidade episcopal.

João teve um calafrio. Ouvindo esta notícia, medo e hesitação começaram a tomar conta dele. Principalmente o medo de ser sagrado contra a sua vontade.

– Quero saber por que os eleitores escolheram justamente a nós. Por Teodoro compreendo, mas a mim? Ora, em meu comportamento não há nada que mereça tal dignidade.

– Pois é, filho – e voltou a bordar.

João estava cabisbaixo e confuso. Entrou para os seus aposentos, sem dizer qualquer palavra.

Naquele mesmo dia, à noite, Teodoro fez-lhe uma visita, impulsionado por sua grande nobreza, para transmitir ao amigo a notícia de tais rumores, pensando, naturalmente, que João ainda nada soubesse.

Ao transmitir a vontade do clero em torná-los ambos

membros ilustres da Igreja, Teodoro demonstrou solidariedade para com o amigo e novamente insistiu:

– Procuremos ter unanimidade no pensar e no agir. Se for esta a vontade do Pai Magnânimo, também eu de boa vontade te seguirei em qualquer caminho que andares.

– No de fuga ou no de aceitação? – perguntou João.

– Em qualquer um dos casos – respondeu solícito o amigo.

João percebeu a gravidade de suas decisões e, certificando-se, desta forma, da disposição do amigo, falou:

– Acredito que será um incalculável prejuízo recusar ao rebanho de Cristo homem tão predestinado como tu, só devido à minha própria fraqueza. Enquanto não temos uma resolução definida, podemos deixar a discussão deste problema para mais tarde? – E com a intenção de deixá-lo na obscuridade sobre o seu modo de pensar, concluiu:

– Não te preocupes demasiadamente com este assunto; e, a respeito de minha própria pessoa, agirei em unanimidade contigo. O que decidires, estará decidido por nós dois.

Despediram-se, e Teodoro saiu animado. Aguardou em silêncio o dia oportuno, certo de que dois novos tarefeiros do Senhor tinham acabado de surgir. Poderia ter pressentido simulação nas palavras incertas de João, mas seu afeto por ele cegou-lhe qualquer intuição.

SAGRADO CHAMAMENTO

A cidade inteira não comentava outro assunto. Todos os que ali eram cristãos estavam animados por ver dois jovens de boa família terem sido escolhidos para o sacerdócio, em tenra idade. Principalmente João, que se destacava pela inteligência, mas dava péssimo exemplo para os outros jovens, ao se arvorar em atitudes mundanas, chegando ao ponto de participar de festas pagãs, para escândalo de todos.

João não dava atenção aos boatos. Contudo, quando começou a frequentar a casa do patriarca Melécio, aquele que o clero queria ordenar bispo de Antioquia, recebe dele, sem nenhuma pressão, a instrução na fé cristã e decide sozinho batizar-se aos dezoito anos. Por sua voz maravilhosa e sua facilidade para a interpretação, logo ordenaram-no Leitor, isto é, intérprete das Escrituras e possível continuador de Deodoro.

Sua imagem crescia aos olhos do clero. No entanto, João sempre falou que não tinha esta pretensão, não queria ser sacerdote. Mas ninguém o ouvia.

Naquele dia, os sacerdotes e populares chegaram a preparar um grande encontro para a sagração dos dois mais jovens servos de Deus.

Os pais levaram seus filhos para verem a cerimônia, a fim de servir-lhes de modelo.

Vestidos a rigor, Deodoro de Tarso e outros sacerdotes apresentaram-se para sagrá-los.

Teodoro, muito animado, foi buscar João em sua casa. Antusa o recebeu.

– Eu mesma concordei com sua decisão. Mas acredita-me: ele saiu cedo e ainda não voltou. Os filhos estão a cada dia mais desobedientes; não o encontro em lugar algum.

Esperaram por um momento, mas João não apareceu. Havia se escondido.

Teodoro transpirava de nervosismo e, tentando adiar a sagração, sussurrou a Deodoro:

– Não seria melhor eu me tornar um advogado?

Sem resposta. ele logo se entristeceu. Os padres perceberam seu semblante. E, como Deodoro desconfiasse da condição de João, falou:

– É estranho, meu filho. Sendo tu um jovem de mentalidade mais compreensível e acessível, teimosamente estás tentando te eximir de tuas sagradas vocações, sob pretextos fúteis, procurando outras honrarias bastante duvidosas. Se teu amigo não está preparado. deverás tu desviar-te também da sagrada missão divina?

– Perdoa-me. Iniciemos a sagração.

Teodoro então assumiu as funções iniciais de sacerdote, na esperança de que João, conforme havia prometido, seguisse-o.

Após a resposta positiva de Teodoro, Deodoro de Tarso acrescentou:

– Tende fé e confiança. Deus sabe a hora certa para cada um de seus filhos.

Ao sair dali, Teodoro foi embora profundamente consternado. Deodoro acompanhou-o até sua casa. No caminho, disse-lhe com carinho de mestre:

– Não vim censurar-te, filho, mas apenas esclarecer-te dos fatos para que saibas como lidar com eles e com o povo, agora que tens responsabilidades. Tu conhecias a opinião de João?

Teodoro sentia-se envergonhado. Olhando para o chão, respondeu:

– Em parte, mestre, mas pensei que ele mudaria de ideia. Não me disse sim, mas também não negou.

– Ora! Visto que nenhum de seus pensamentos te era segredo, não devias tê-los escondido perante nós; antes teria sido tua obrigação nos informar, e ele não teria conseguido eximir-se.

Teodoro enrubesceu-se e, envergonhado, falou:

– Na verdade, apesar de nossa sólida amizade, não conhecia a fundo as vontades de meu amigo. Não fui conivente, apenas confiei. Se me disse sim, não foi claro, e se negou, não deixou óbvio. Não me compreenda mal. Não brinquei com as pessoas; simplesmente pensei que João queria, tanto quanto eu, tal cargo.

– Mas devias ter-nos dito antes sobre a dúvida de João e sobre sua ambição pelas coisas do mundo; assim, não passaríamos pelo vexame diante do clero e do povo!

– Perdoa-me, mestre Deodoro. Não errarei mais!

– Ainda precisas aprender muito, filho. És valoroso, mas ainda és orgulhoso e se andas com tais companhias, estarás condenado.

– Com todo respeito – disse Teodoro consternado, – há anos me solicitaste fazer dele um amigo. Agora me censuras?

Deodoro ficou furioso e disse:

– Mandei que fosses amigo dele, não que te deixasses influenciar por ele. João ainda é um jovem muito vaidoso e ambicioso. Não deveria ter desprezado os padres eleitores. Eles poderiam ter escolhido tantos homens mais velhos e experimentados. No entanto, quiseram elevar à posição de tão alta dignidade jovens que ontem e anteontem ainda estavam totalmente presos às preocupações pelas coisas profanas, não contando com isso nem em sonho.

Após ouvir isso, Teodoro entristeceu-se.

Deodoro, percebendo que estava sendo muito duro, concluiu:

– É bem verdade que tu foste e isso agrada a Deus e aos homens. Não te censuro mais.

Despediram-se.

Demorou-se uma semana até Teodoro ter coragem de falar com João. Este também não o procurou. Então o novo sacerdote tomou coragem e dirigiu-se a sua casa, sendo novamente recebido por Antusa, que respondeu:

– Desculpa-me, mas ele está enclausurado em seu próprio quarto. Disse que não quer ver ninguém. Está totalmente desanimado. Sinto muito.

– Eu igualmente, senhora. Porém, se não for incômodo, gostaria de vê-lo antes de me retirar para o sacerdócio.

Antusa indicou com a mão o vestíbulo de João.

– Obrigado. Prometo-te não me demorar.

Ao atravessar o pátio, encontrou a porta meio aberta. Entrou silencioso e, num gesto todo seu de sentar-se naturalmente no chão e logo cruzar as pernas, acomodou-se ao lado do amigo, que estava sentado em uma esteira, com os olhos fechados.

Em sua indignação, procurava dizer algo, mas não conseguiu formular palavra alguma. Tentava abrir a boca, mas um nó cortava-lhe a palavra antes de sair dos lábios.

Vendo-o assim, banhado em lágrimas, vítima do mais profundo abalo espiritual, João lembrou-se das causas de tudo isso e, em vez de chorar com o amigo, fez justamente o contrário: prorrompeu em risos e, tomando-lhe a destra, afetuosamente a beijou, dizendo:

– Graças a Deus! Fui mais inteligente que tu, fazendo com que se chegasse a um fim tão feliz. Bem, conforme os meus mais íntimos desejos, tu te tornaste um sacerdote, e eu consegui me livrar das "feras".

Teodoro levantou-se, mirou-o de cima a baixo e, vendo-o assim tão feliz e alegre, apesar de ter enganado seu melhor amigo, tornou-se ainda mais triste, amargurado e irritado. Rompeu, gesticulando:

– Como ousas rir de mim? O que chamas de inteligência não passa de astúcia! Enganaste-me, dizendo que ambos seríamos sagrados. Deixaste-me ser envolvido pelo calor do ânimo de fazer a dois o que não poderia fazer sozinho. Fazes ironia com um assunto tão sério?

– Perdoa-me – disse João, secando as lágrimas que resultaram do excesso de riso. – Não quis ofender-te ou ridicularizar-te.

Teodoro, após superar um pouco sua irritação, recomeçou a falar:

– Apesar de teres desprezado, não sei por qual motivo, tudo o que me dizia respeito, sem a mínima consideração da minha pessoa, deverias ter considerado tua própria fama. Agora abriste a boca de todo mundo e todos dizem que te eximiste do cargo sacro somente devido à tua ambição por honrarias profanas. Não há ninguém que te queira absolver de tal acusação. Para mim, porém cada comparecimento em público se torna insuportável.

Diariamente, muitos se aproximam de mim com censuras amargas. Ao encontrar-me em qualquer canto da cidade, os amigos mais fiéis me lançam no rosto ser eu o maior culpado.

– Consideras justo – respondeu João novamente, com o dedo indicador próximo ao nariz do colega – que esses homens exercitados em ascese desde a mocidade até à idade bem avançada sejam nossos súditos? Poderão eles ser dominados pelos próprios filhos, que nem chegaram a conhecer as normas pelas quais estes cargos devem ser administrados? Seríamos massacrados e vigiados o tempo todo, para provarmos que somos bons sem o sermos!

– Entretanto – completou Teodoro, – isso não é motivo. Deus nos inspiraria a agir. Agora não sei o que responder em nossa defesa; peço, portanto, que me ajudes. Pois, para mim é muito difícil crer que tenhas fugido sem motivo, como que a brincar, fazendo, desta forma, de homens dignos teus ferrenhos adversários.

– Não foi essa minha intenção! – disse João alterado. – Será que é muito difícil alguém compreender que não estou pronto?

Teodoro continuou como se não o ouvisse:

– Suponho que tenhas dado este passo depois de pensar e raciocinar, e que até tenhas preparado um discurso em tua defesa. Dize-me, pois: qual o motivo razoável que podemos apresentar contra teus acusadores, pelo tratamento injusto que eu mesmo recebi de ti e pelos fatos com que me enganaste? Pela traição que cometeste, não pedirei contas, apesar de teres recebido de mim somente compreensão e bondade. Eu tinha colocado até a minha alma em tuas mãos. Tu, porém, usaste comigo de malícia que só se costuma usar contra inimigos.

– Isso não é verdade, Teodoro!

– Sim. Na realidade, caso tenhas reconhecido salutar o plano de sagrar-nos sacerdotes e no futuro – quem sabe? – bispos, tu mesmo não deverias ter-te eximido – disse gritando. – Caso, porém, tenhas considerado isso prejudicial, também a mim deverias ter preservado deste mal, já que sempre declaraste ser eu entre todos o teu maior amigo. Todavia, fizeste tudo para que eu caísse na cilada, usaste até de fingimento, e tudo isso para com aquele que sempre estava acostumado a falar contigo abertamente, sem hipocrisia, e com plena confiança.

João começava a se irritar com os gritos do colega. Então solicitou, irônico:

– Se puderes fazer a gentileza de falar mais baixo.

– Perdoa-me. Estou em tua casa, não tenho o direito. Não obstante, como já disse, por tudo isso não te quero censurar nem te culpar da solidão que me causaste, findando desta forma a nossa convivência, de que ambos, de maneira extraordinária, haurimos consolo e proveito. Tudo isso deixo de lado, com tranquilidade e sem amargura, não porque teu comportamento para comigo tivesse sido sem importância, mas, antes, porque desde o dia em que começou minha amizade íntima contigo, tinha feito o propósito de nunca chamar-te à responsabilidade, mesmo que chegasses a magoar-me. Que o teu comportamento nos prejudicou, tu o sabes. Basta lembrar, de um lado, o que os nossos comuns conhecidos sempre afirmaram sobre nossa amizade, e, de outro, o que nós mesmos sempre pensamos, isto é, que seria de enorme proveito para nós estarmos sempre unidos de corpo e alma, protegendo-nos mutuamente. Até era voz comum que ela seria de apreciável proveito também para outros. Eu, de minha parte, julguei que fosse fonte de bênção.

– Consola-te, irmão – interrompeu João. – Alguma vez fui injusto contigo? Até agora, só tenho prejudicado a mim mesmo. Pois, se te iludi, foi em teu favor, para que assumisses o que querias sem nenhuma dúvida. És cego. Eles queriam sagrar-nos pela riqueza material de nossos pais e não por nossa vocação ou merecimento. Ainda assim, não temas, navegarás a partir de hoje no oceano da responsabilidade. Quanto aos acusadores, deverão eles saber que não me verão por um período de sete anos.

Teodoro assustou-se:

– Que farás tu, meu amigo?

– Não saltarei etapas. Não sou louco o bastante para me iludir, a ponto de fazer como muitos o fazem, ao se instalarem no sacerdócio e no celibato sem estrutura interior. Queres detalhes sobre a vida íntima dos que conhecemos? Pois não seguirei o mesmo caminho vergonhoso e hipócrita. Haverei de estruturar uma base sólida interiormente, para não cair em nenhuma tentação.

– Não sei de que falas?

– Refrescar-te-ei a memória – disse João, andando de um lado a outro nervosamente – sobre todos os fatos que são ocultados, ou precisarei falar apenas de Orígenes, que foi exaltado por tornar-se, tão jovem, membro do episcopado e que, depois de perceber que não resistiria aos apelos da carne, castrou a si mesmo, por ser extremamente zeloso?

Teodoro arregalou os olhos:

– Nem me lembres! Isso foi um fato isolado e não tira de Orígenes a grandiosidade.

– Mas castrou-se! Pior que isso – continuou João, em seu vai-e-vem – foi expulso e excomungado pelos mesmos companheiros que o fizeram acreditar que estava pronto. É certo que o grande Orígenes era quem melhor impressionava com suas maneiras encantadoras, seu temperamento bom e ao mesmo tempo displicente. Era indiferente às mais severas limitações, desde que não lhe tirassem a liberdade de sonhar e de sentir-se ao seu modo na vida. Era ainda mais indiferente aos insultos, às discriminações e às opiniões eriçadas. É do conhecimento de todos que, desde pequeno, suas atitudes lembravam o comportamento de um monge, quando procurava ver sempre em todas as coisas sua essência positiva. Isso fazia com que ele vivesse sua vida em harmoniosa sintonia com a sua missão, dentro da mais solitária compreensão da verdade, que julgava às vezes profunda demais para ser expressa com palavras. Muitas vezes escondia suas verdadeiras emoções. Sim, meu irmão. Por tudo isso, devo me preparar antes, para que não ocorra comigo o que aconteceu a ele. Devo me recolher ao silêncio do deserto. Quando estiver pronto, retomarei triunfante.

Teodoro, ainda meio confuso com tal decisão, não sabia se ficava alegre ou triste. Resolveu felicitá-lo e dizer:

– Não estaremos distantes.

Abraçaram-se fraternal e longamente.

Após esta discussão, João não teve mais dúvidas. Decidido, despediu-se de sua mãe e retirou-se na solidão do deserto, sendo recebido pelos monges.

Algum tempo após a partida de João, Basílio, que ainda estava no mosteiro, tornou-se sacerdote de Cesareia da Capadócia aos trinta e quatro anos, e começou a escrever. Instalado na Sé Metropolitana, desenvolvia importantes trabalhos junto aos necessitados. Seu dom para a escrita era limitado pela falta de copistas.

Gregório, após visitá-lo, viu as suas necessidades. Logo procurou seu primo Anfilóquio e pediu que encontrasse algum homem rico que pudesse fornecer-lhe copistas.

Cabe ressaltar que Anfilóquio era portador de poderoso magnetismo. Aproximava-se dos animais com tanto carinho que pacificava cada um deles com genuíno amor e singular encantamento. Contudo, com seu temperamento inquisidor e impaciente, buscava tudo que sua poderosa imaginação pudesse vislumbrar. Diferente de Basílio quanto ao desgaste do trabalho, podia sofrer mais facilmente um esgotamento emocional, devido ao tédio e ao confinamento, do que à superatividade. Raramente dormia o bastante, devido à insônia. Isso muitas vezes causava-lhe esgotamento nervoso, que o ameaçava constantemente. Magro, alto e ágil, apresentava feições pequenas, bem talhadas. Tinha olhos cor de mel, que estavam sempre alertas e vivos, nariz longo e reto, cabelos escuros e pele tendente ao pálido.

Quando Anfilóquio presenciava a intromissão de algum pagão empacado diante das verdades testemunhadas, impacientava-se de tal maneira que pensava em desafiá-lo para uma discussão, pois sabia que, com seus argumentos, ele se sairia bem de qualquer situação com grande facilidade. No entanto, os exemplos de Anfilóquio conseguiam inibir aquela sua indignação, que, além de aborrecimentos, causava-lhe doentio ressentimento. Devido ao seu agitado temperamento, era ele quem mais se adaptava à contínua mudança proveniente das frequentes viagens. E se não atentava para o rigor da pontualidade, não era porque se esquecesse da hora, mas porque algo lhe prendia a atenção no caminho e o desviava. E esse algo quase sempre era um animalzinho indefeso, carente de proteção, cuidado e carinho.

Havia um ponto marcante nesse bispo, uma profunda necessidade de disfarçar suas verdadeiras intenções. Ele sentia uma compulsão em agir de modo exatamente oposto aos seus verdadeiros desejos. E essa espantosa versatilidade e facilidade de falar o tornavam perito no campo das relações humanas. Ele era capaz de desviar muitas convicções, consideradas firmes, mudando o caráter mental das pessoas ou fazendo com que cada uma concordasse com ele. Quando surgia alguma dificuldade, instintivamente ele sabia onde estariam os segredos de seus oponentes e era capaz de usar sua mente rápida e sua língua fácil para agitá-los veementemente.

E quando a habilidade de algum companheiro o pegava em algum ponto ligeiramente vulnerável à argumentação, ele desviava a conversa de si mesmo tão habilmente que quem acabava perdendo com seu magnetismo poderoso era o outro.

No entanto, mais que qualquer um, ele não suportava ficar sozinho por muito tempo. Tudo fazia para promover o trabalho em grupo, porquanto o isolamento lhe parecia embrutecedor e limitante. Anfilóquio via no "amor ao próximo como a si mesmo" o princípio de uma perfeita convivência social. Ninguém melhor que ele valorizou o plano de uma sociedade justa e equilibrada, esclarecida e iluminada por um cooperativismo natural.

Incentivava e empenhava-se quanto ao valor do exercício da caridade, através da tolerância aos irmãos. Primeiro, o amor deveria atingir o ente mais próximo, para ganhar força e extasiar-se com as grandes distâncias, atingindo todos os seres da Criação e encontrando sua plenitude na Fonte Soberana de onde se originou. Conhecia os segredos da alma e sabia como unir cada ser, cada necessidade, sem nunca se esquecer de que a meditação e a glória dos santos de nada servem sem uma aplicação prática na árdua convivência entre os homens. É o símbolo do universalismo em busca da unidade infinita da sabedoria. Para ele, o Evangelho de Jesus estava sintetizado em uma só frase: "Aquele que estiver sem pecado, atire a primeira pedra"[14].

Assim que ouviu as palavras de Gregório, Anfilóquio falou:

– Conheço muitos homens ricos, mas nenhum deles poderia fornecer copistas a Basílio. No entanto, sei de uma alma nobre que se sentiria feliz em colaborar com as obras de Deus.

Anfilóquio então escreveu a Teodósia, para que ela autorizasse a quantia de dinheiro necessária à compra de papiros e aos copistas. Diante de sua resposta positiva, ele partiu imediata-

---

[14] João 8:2-11.

mente para Constantinopla.

Assim que esteve com ela, procurou justificar melhor os motivos de tal pedido:

– As obras de Basílio se caracterizam pela perfeita harmonia entre a cultura profana e a doutrina cristã e se distribuem em Discursos, Tratados e Cartas. No tratado sobre a leitura dos autores profanos, reconhece a importância dos poetas, entre os quais Homero, para a formação moral. Basílio conhece os clássicos, e sua linguagem denota a influência de Platão e Demóstenes, com o mérito de chamar a atenção para o que há de aproveitável, sob o ponto de vista cristão, na literatura profana.

– Vejo que é um homem virtuoso esse Basílio – disse Teodósia.

– E não é só isso – continuou o bispo. – Tem fundado, com a ajuda do povo, hospitais para doentes vítimas de epidemias, hospedarias para viajantes, estrangeiros e pobres, formando uma nova cidade nos arredores de Cesareia, a qual receberá o nome de Basilíade, em sua homenagem. Ele resiste ao arianismo e ao macedonismo e não se deixa intimidar nem pelo imperador, negociando diretamente com o Papa Dâmaso.

Teodósia concluiu por bem colaborar e ao comentar com Olímpia, que contava com menos de dez anos de idade, ela logo se empolgou e disse:

– Quem pode fazer o bem e não o faz, comete pecado, não é verdade?

A amplidão e a eficiência destes movimentos isolados se viam por outro lado reforçadas pelas mudanças que se seguiram no nível dos imperadores. A população começava a ter acesso a leituras antes limitadas a poucos.

Sagrado Chamamento

O PORTAL DA VIDA

Quase uma década se passou. No deserto, João aprendeu a pensar, orar, escutar e agradecer. Após passar um tempo no mosteiro, decidiu que precisava de mais solidão, indo viver dois anos em uma caverna, às margens do Mar Morto. Comia apenas pão, sopa de centeio e uma fruta ao entardecer; dormia apenas quatro horas por noite e no chão. Ali permaneceria até encontrar a autoiluminação.

Transcorreram mais dois anos. João já estava enfraquecido, mas somente sairia dali iluminado. Numa manhã, dois soldados haviam-se destacado do pelotão para irem auxiliar no ponto de vigia marítima. Enquanto caminhavam pela borda da montanha, conversavam em tom amistoso.

– Nilo, tu és um louco – disse, rindo, o mais jovem. – E como a todo louco, não se deve dar tanta atenção às tuas loucuras.

– Sei não. Este lugar é muito estranho, tão silencioso, parece que nem Deus passou por aqui – resmungou Nilo, olhando para cada canto.

– E por que Ele haveria de passar por aqui? Ele já não morreu?

– Tu é que és louco, Caio! – exclamou Nilo, fazendo uma careta. – Ele não morreu, já ressuscitou. E não o confunda com Deus, pois este é o pai de Jesus.

– Agora é que não entendi – parou e segurou-o pela roupa. – Que confusão! É um Deus Pai e um Deus Filho? Então não há diferença nenhuma em relação aos pagãos? Vocês, cristãos, fazem as coisas de um jeito maluco! Para mim, só mudaram os nomes!

– Olha, eu não sei como devo explicar-te, mas acontece que, na verdade, esse Deus é ao mesmo tempo três.

– Xiiii! Agora são três?

– Senta-te aqui nesta pedra. Vou explicar-te. Há o Deus criador, há Jesus Cristo, o que veio para nos salvar, e há o Espírito Santo... – E, confundindo-se, passou a mão direita na testa: – Agora me esqueci como se explica.

– Não entendi nada.

– Espera aí. Penso que é assim, e não me interrompas. Há um Deus, que é o pai de todas as coisas, sabes? O que criou tudo.

– Sei. Tipo Júpiter?

– Mais ou menos, só que muito mais poderoso. Há o filho dele, que veio para nos salvar. – E levantando o indicador, mudou o tom de voz para mais severo – mas salvar somente os que acreditam nele!

– Isso me cheira concorrência! Mas continua, parece interessante.

– Já disse para não me interromperes. Escuta: o filho é o que morreu na cruz, depois ressuscitou e agora está sentado do lado direito do Deus Pai, julgando os vivos e os mortos.

– Sentado onde?

– No Céu, Caio!

– Onde é?

– Lá em cima. – E Nilo apontou com o queixo para cima.

– Como assim? Lá em cima, a que altura?

– Sei lá, infinita. E não me aborreças, porque nós, cristãos, somos maioria e não precisamos mais dar satisfações aos pagãos.

– Isso não é resposta. Dize-me uma coisa: o tal Espírito Santo é o quê: pai ou filho? Será que não é a mãe?

– És mesmo um louco! Não brinques com coisa sagrada, isso é pecado!

– Pecado! Sou pagão, esqueceste? Pecado é coisa

de cristãos!

– Deixa-me explicar sobre o Espírito Santo, para ver se tomas jeito. Penso que o Espírito Santo é o sopro divino, mais ou menos como uma poderosa inspiração, ou um grupo de espíritos com santa missão, algo como um grupo de mentes superiores que pensam de forma inteligente, pura e elevada.

– Falaste bonito. Mas minha cabeça é pequena para entender coisas complicadas. Fico zonzo. Agora vamos andando que... – e de repente o rapaz tropeçou em uma pedra e, não podendo se segurar, caiu com a face no chão.

O outro, em vez de rir, falou:

– Olha, se eu fosse pagão, estaria rindo de ti, mas como sou cristão, vou ajudar-te a te levantar e não rirei. Vem, Caio, dá-me a mão.

Mas ele não quis, pois olhava para o lado, vendo uma fenda na rocha. Tão baixa, que alguém que passasse de pé por ali jamais a veria.

– Vem ver. Parece uma passagem. E há um homem lá dentro.

Nilo abaixou-se e também olhou para a fenda quase rente ao chão.

– Vamos embora, deve ser um monge. Não devemos perturbá-lo.

– Mas parece que ele está morto!

– Que tolice, ele deve estar meditando, orando. Vamos!

– Está bem, tu é que sabes!

Mais adiante, Nilo parou um momento e parecia ter sentido algo diferente.

– Voltemos. Pode ser que aquele homem esteja precisando de alguma ajuda.

– Sabia que não irias suportar a curiosidade.

– Não é curiosidade, Caio. É desejo de ajudar o próximo.

Lá chegando, chamaram várias vezes. Não obtendo resposta, tentaram passar pela fenda, mas ela era muito pequena.

Entrava a cabeça, mas não passavam os ombros. Para não correr o risco de ficar entalado, Nilo voltou e tentou empurrar a pedra, que não cedeu.

– E agora, que faremos? Por onde ele entrou? – quis saber Caio.

Nilo andou de um lado a outro, pensou e disse:

– Procuremos outra passagem. Ele deve ter entrado por outro lado. Vá pela direita que vou pela esquerda.

Deram algumas voltas, um no sentido oposto ao outro, e os dois se reencontraram novamente, topando um com o outro, atrapalhados, ambos assustando-se.

– Como será que ele entrou? Agora estou intrigado!

– Não é possível! Será que é um anjo? – Nilo estalou os dedos como quem tem uma ideia brilhante: – Ah! Pode ter sido pelo topo. Sobe e vê se tem uma entrada. Aliás, deixa que subo eu.

– Subamos os dois.

Logo desceram, pois não encontraram nenhuma entrada. Gritaram novamente, mas o homem nada respondeu. De repente, Nilo teve um lampejo e, estalando novamente os dedos, falou:

– É claro! Pelo mar! A entrada deve ser pela água. Segura meu capacete. Vou mergulhar.

– Espera! Não podemos nos demorar, ou seremos punidos. E se te afogares, com quem brigarei?

– Deixa de tolices. – E após ter-se despido, colocou a mão esquerda no peito e disse com orgulho: – Meu Deus, que é mais poderoso que o teu, protegerá a mim. Espera e me verás pelo buraco.

– Humpf! Vamos ver.

Nilo mergulhou e com os olhos bem abertos procurou alguma entrada para a caverna. Não foi difícil. A poucos palmos abaixo da linha d'água abria-se uma fenda na rocha, por onde passou com facilidade, indo respirar no interior da caverna onde estava João. Com um largo sorriso de vitória, dirigiu-se para o buraco e, com o polegar para cima, num sinal positivo, acenou para o amigo, que respondeu da mesma forma.

Aproximou-se de João e percebeu que ainda respirava, mas estava muito fraco e desmaiado.

– Coitado, deve ter jejuado demais. Se ele tinha graves pecados, já os pagou e tem direito ao perdão.

E, voltando-se para o amigo, gritou:

– Está vivo, vamos tirá-lo imediatamente. Mergulha e encontra uma fenda à esquerda, e sobe para me ajudar. Os dois jovens soldados carregaram-no para fora, atravessando sem dificuldade a água. Após deitá-lo sobre a areia, esfregaram-lhe os pulsos e as têmporas e chamaram-no mais uma vez. Após mais alguns esforços, João abriu os olhos.

– Qual o teu nome, senhor? Onde moras? – perguntou Nilo.

– Meu nome é João – falou com a voz fraca. – Acredito que perdi os sentidos. Deus vos abençoe por me terdes socorrido. Sou de Antioquia.

– Toma um pouco de vinho, senhor. Estás muito fraco – disse Nilo, querendo ajudar e retirando da bolsa um minúsculo frasco de couro. – Tenho também aqui um pedaço de pão. Não está muito novo, mas ainda serve.

– Agradeço, irmãos. Preciso chegar até o mosteiro, onde poderei me reestabelecer. Se puderes auxiliar-me mais uma vez... Meu corpo está quase morto, mas minha alma está mais viva que nunca e rejubila de felicidade.

João sorveu o vinho e se alimentou de um pedaço minúsculo de pão.

– O que estavas fazendo nesta caverna, moço? – perguntou Caio.

– Buscando a mim mesmo.

– E te encontraste?

– Sim. Porém, encontrei algo mais precioso que eu mesmo. Encontrei Deus.

– E não quiseste mais voltar, certo? – questionou Nilo.

– É verdade. Se não me tivesses chamado, teria ido ao Pai, pois não tinha vontade de retornar ao mundo.

– E aonde foste? – perguntou Caio, tentando encontrar respostas.

– Fui a um lugar indescritível à linguagem humana. É maravilhoso – respondeu João com uma expressão maravilhada.

– No Céu? – perguntaram ambos ao mesmo tempo.

– Acredito que sim. Mas agora não me lembro completamente. As imagens estão fugindo de minha mente, mas a sensação de paz é poderosa. Vamos, já me sinto bem.

Os três caminharam até o mosteiro, aonde João, ao chegar, comunicou aos companheiros que no dia seguinte retornaria para casa. Havia encontrado o que buscava, a autoiluminação.

Ao chegar a casa, sua genitora mal o reconheceu quando o foi receber. Trazia na face uma imagem de asceta. Estava emagrecido, mas os seus olhos mantinham uma expressão extraordinária. Sua mãe tencionou ampará-lo, mas ele apenas parecia frágil.

– Tu foste para morrer, meu filho?

– Não, minha mãe. Ninguém será forte na existência, se não medir suas forças em hora certa. Quisera que todos os de minha idade passassem por semelhante experiência. Que notícias há?

– Teu amigo Teodoro de Mopsuéstia tornou-se bispo na Cicília. Quanto à cidade, continua o caos de sempre. Falta alimento a este povo.

– Sim, mãe. Alimento moral! Mais que isso. Além da cultura e da sabedoria, é preciso que se nutram das Letras Sagradas.

Assim que João chegou, foi recebido com honras pelo clero, que logo o ordenou diácono. Deodoro, após conversar com ele, percebeu que se havia realmente tomado um religioso e disse com alegria aos companheiros:

– João tem alma de monge, não se concede nenhum prazer. Será um modelo de asceta porque é um lutador do espírito.

Deodoro de Tarso estava sempre em meio a discussões com os arianos, que diziam ser diferente a constituição de Jesus e de Deus. O mestre de João elevava a voz e dizia:

– Aquele que é filho de Deus distingue-se d'Aquele que é filho de Maria e, através dela, filho de Davi. Mas não existem dois filhos; são distintos, mas não separados.

Perguntava-se a João sobre a polêmica de ser ou não Jesus da mesma constituição de Deus, e ele respondia:

– Haveremos de encontrar a redenção, se estivermos atrelados pela colocação de uma ou outra palavra?

Se contestassem a virgindade de Maria, logo ele respondia:

– Não percamos tempo com tais especulações. Tratemos antes de aprender a conviver bem uns com os outros. Isso, sim, é importante.

Ele falava com vivacidade, colocando a cultura com lições práticas para a vida, associando pregação e arte literária.

Não gostava das questões especulativas da Cristologia. Preferia conviver no meio social, mantendo contato com todas as pessoas de todos os níveis. Como bom diácono, tornou-se responsável pela assistência social. Naquele ano, sua mãe partira para Deus, mas ele, longe de se abater, buscou diminuir a sua dor, participando da miséria dos que também sofriam, dando-lhes conforto espiritual.

Foi aos hospitais e deixou penetrar em seu coração a misericórdia, o sentimento pelos inumeráveis doentes. Visitou as prisões e soube qual era a sorte daqueles coitados. Adentrou os banhos públicos, onde pôde encontrar pessoas que ficavam deitadas, quase morrendo de frio, de fome e de miséria e tendo muitas vezes somente uns panos rasgados e um pouco de palha.

Mas não parou por ali. Foi às casas dos pobres, na periferia da cidade. Conheceu de perto a vida dos sofridos. Soube quais eram as necessidades que os afligiam. Em seguida, foi ordenado sacerdote, destacando-se na atividade pastoral, como escritor e orador sacro.

Exímio orador durante as celebrações e excelente escritor, despertou a atenção do clero mais distante.

INIMIGOS DA RAZÃO

Na Capadócia, Gregorinho se destaca. Se em Basílio mais se admira o gênio pastoral e em Gregório, o orador e poeta, Gregorinho se sobressai como pensador e místico.

Basílio estava à frente do bispado. Nissa tomava-se uma cidade cada vez mais promissora; porém, a juventude ainda não conseguia encontrar um caminho e se perdia, tão logo atingia a mocidade. A cidade precisava de um bispo eficiente.

Em 371, ele convida seu irmão Gregorinho para assumir a sede episcopal de Nissa, ao que ele responde:

– Não compreendes que renunciei à vida eclesiástica? Serei professor universitário até o fim de meus dias.

– Sei disso, mas tu és o teólogo da Virgindade, e o povo de Nissa precisa de ti mais do que os universitários. Os santos de Cristo necessitam de tua ajuda.

Gregório aceitou e tornou-se o bispo de Nissa, sendo conhecido por onde passava como Gregório de Nissa. Era quem mais se preocupava com a ameaça dos pagãos. Seu sorriso carismático sempre ocultava essa preocupação. A primeira impressão que se tinha, com a presença dele, era a de que ele trazia um senso de responsabilidade capaz de inibir qualquer manifestação natural ou espontânea de quem se aproximasse.

Talvez fosse ele quem mais levasse a sério a seguinte recomendação: "Sede perfeitos como vosso Pai Celestial é perfeito"[15]. No entanto, a pureza e a tranquilidade na expressão de Gregorinho pareciam negar aquelas palavras ocultas.

Tinha o nariz, a orelha e os lábios delicadamente trabalhados. Certamente não faltava graça e encanto em seus olhos estranhamente calmos, denotadores de inteligência e clareza de pensamento. Embora sua aparência fosse frágil e angelical, era muito forte. Assumia mais trabalho do que podia realizar e esgotava-se ao extremo, a fim de cumprir suas obrigações.

Era extremamente capaz e frio, mas devorado interiormente pela ansiedade, que, não raras vezes, perturbava sua digestão e seu equilíbrio emocional. Incapaz de permanecer quieto por muito tempo, denotava uma vaga impressão de urgência, como se estivesse atrasado para outro encontro em algum outro lugar. Exprimia no rosto uma certa calma, como se fosse uma máscara, demonstrando a sua prudência natural de não ferir ninguém.

Curiosamente, embora ansioso por prestar seus serviços com eficiência aos outros, ele tinha uma aversão, somente percebida por alguns, a aceitar favores. Seu perfeccionismo não lhe permitia relaxar o suficiente para desfrutar do convívio social, pois basicamente ele se sentia desconfortável no meio da multidão.

A pontualidade era o seu forte. Compreendia o porquê de cada amanhecer e a sabedoria de cada anoitecer no relógio do tempo. Por isso, era o responsável direto em confirmar as viagens, os encontros e as reuniões julgadas e estabelecidas necessárias pela maioria do clero.

Além disso, ele sabia o número exato de cada assistência aos pobres e detalhes outros que chegavam a surpreender seus companheiros, que até consideravam desnecessária tal preocupação. Contudo, suas anotações eram acompanhadas de precioso senso crítico e davam a impressão de um

---

[15] Mateus 5:43-48, Lucas 6:27-28 e 6:32-36.

relatório que seria submetido à apreciação científica, após longo período de trabalho.

Sem dúvida, pode-se concluir que ele era exigente com a limpeza, com a saúde física e consigo mesmo, no que tangia à sua saúde espiritual. E não admitia censuras ou críticas, pois conhecia mais do que ninguém suas próprias limitações. Sabia separar os valores materiais dos espirituais.

Conhecia com profundidade a significação das palavras do Cristo: "Dai a César o que é de César e a Deus o que é de Deus"[16]. E por isso sabia discernir o valor do justo salário que dignificava o trabalhador e da caridade material que se fazia necessária aos infortunados. Sabia também que o pão, a veste, o remédio curador e o teto amigo honravam o verdadeiro sentimento de fraternidade.

Gregório de Nissa jamais seguiria um falso profeta. Ele seria capaz de conhecer um homem de fé, à primeira vista. Sua estrutura espiritual dava ao grupo uma harmonia precisa para estabelecer, entre um e outro, o justo equilíbrio.

Ele era o "eixo" que possibilitava a cada engrenagem o seu devido trabalho, em sua insubstituível função. E sem esse "eixo", o clero não teria a mesma desenvoltura, pois que as engrenagens, embora valiosas, estariam sujeitas a certas armadilhas que somente uma mente metódica, científica e analítica poderia prudentemente desarmar.

Basílio confiou a Gregório de Nissa a responsabilidade de sistematizar o sublime roteiro de suas obras sobre a vida monástica, adaptando-o à realidade do povo. Por tudo isso, sua esposa e seus fiéis o amavam. No entanto, seus inimigos o invejavam e planejavam seu fim. Escreveu diversos tratados de moral, de teologia dogmática, de exegese e de ascese. Ao versar sobre esses assuntos, procurou dar explicações que satisfizessem não só a fé, mas também a razão. "O Diálogo sobre a Alma e a Res-

---

[16] Mateus 22:15-22, Marcos 12:13-17 e Lucas 20:20-26.

surreição" é uma espécie de Fédon cristão e lembra, pelas considerações acerca da natureza imortal da alma, o primeiro livro das Tusculanas de Cícero[17]. É de Gregório de Nissa a primeira sistematização da teologia espiritual da Igreja. Em sua doutrina, há, por influência de Orígenes e do platonismo, a ideia reencarnacionista[18]. Ela possui aspectos admiráveis, em suas reflexões de cunho contemplativo e na refutação do apolinarismo, do arianismo e do macedonismo.

Enquanto isso, Macrina vivia no mosteiro do irmão, e era a única mulher a viver certo tempo em um mosteiro naquela época. Ajudava-o a escrever os tratados sobre a vida monástica, que eram verdadeiros manuais de vida asceta, contendo regras e preceitos.

Nunca se soube se Gregório de Nissa, sendo casado, tenha tido algum ataque emocional ou tenha cometido algum ato imoral secreto, como era costume entre alguns noviços menos preparados. Isso causava inveja. Seu constante equilíbrio e alegria natural dos que amam e são correspondidos faziam minar a inveja dos menos privilegiados, que viam na sua vivacidade uma afronta ao celibato que os outros se impunham.

Mas suas palavras, como as de Orígenes, não encontraram guarita em algumas mentes retrógradas. Querendo prejudicá-lo, Demóstenes, vigário do Ponto[19], era inimigo das ideias de Orígenes e perseguia qualquer um que as divulgasse.

Gregório de Nissa, inspirado nos estudos feitos por Orígenes, escreveu orações, sermões simples e diretos na linguagem do povo, além de tratados dogmáticos, ascéticos e exegéticos. Pai do misticismo, falou muito sobre o Natal. Utilizou a filosofia de Platão a serviço de Cristo. Segundo o grande

---

[17] Coleção "Homilias" de Gregório de Nissa.
[18] Por ser Gregório de Nissa reencarnacionista a Igreja não lhe outorgou o título de doutor, como fez a outros padres, embora muitos outros tenham considerado correto o pensamento de Orígenes.
[19] Um território ligado a Capadócia, na Ásia Menor, que faz fronteira com o Mar Negro.

filósofo, a harmonia do Universo presente e a perfeita harmonia do Universo futuro são efeitos da harmonia inerente ao Ser de Deus. Portanto, de acordo com esse ponto de vista, essa condição deve prevalecer finalmente sobre todas as coisas.

No entanto, Demóstenes, enciumado com o fato de o povo aprender rapidamente com o Bispo de Nissa, armava-lhe ciladas.

Com paciência, Gregório de Nissa tentava manter um diálogo amigável ou, no mínimo, cristão com Demóstenes, que o procurou e disse após ouvir-lhe um sermão:

– Não me venhas outra vez com esta ideia de reencarnação. Já te disse mil vezes que não posso acreditar que tenhamos que renascer e morrer para alcançar a salvação.

– E por que razão Mateus citaria no versículo dezesseis a passagem em que os discípulos expõem a Jesus os comentários do povo a respeito do Filho do Homem, dizendo uns que ele era João Batista, enquanto outros afirmavam que ele era Elias? Por que outros ainda diziam que ele deveria ser algum dos antigos profetas? É inegável que a reencarnação estava nos lábios dos apóstolos e na mente dos homens sérios daquela época.

– Então queres dizer que Jesus, o Filho de Deus, símbolo de perfeição, foi um reles profeta antes de ser enviado pelo Pai? Que heresia!

Como se desejasse atingir a consciência lógica do vigário, prosseguiu Gregório de Nissa, argumentando:

– Ora, se Jesus tivesse de ser um dos antigos profetas hebreus, teria de ter reencarnado! No entanto, esta é a questão bem mais complexa, meu irmão. Como poderá o mundo alcançar a perfeição, se os que aqui nascem não puderem tirar proveito de vidas anteriores? Se cada nascimento no mundo for um nascimento de uma nova alma, como o progresso poderá ser consumado? Por exemplo: que pensar de um criminoso que tem instinto assassino, e desde a mais tenra idade comete diversos delitos, mesmo que tenha sido educado no seio de uma família de gente honesta e digna? De onde teria ele aprendido tais ações?

– Jesus não aprovou essa doutrina!

– Também não negou, principalmente quando falou do cego de nascença!

– Pois bem! Se eu acredito nessa teoria neoplatonista, devo também perguntar-te algo que não poderás responder: se um criminoso, assassino cruel, desumano, extremamente traiçoeiro e perigoso é pego, deverá ele ser tratado com todo carinho, confiança e liberdade ou encarcerado em uma cela segura para que não mais prejudique alguém?

– Não sei aonde queres chegar, mas até aí concordo.

– Então, ouve-me: se essa "lei de reencarnação" realmente existe, ela é injusta, pois coloca uma alma terrivelmente perigosa para renascer nas mãos de uma mãe amorosa, que lhe dará alimento e o amará como a um anjo! Pode nisso haver justiça?!

– Mas, é exatamente aí que está a Misericórdia Divina: dá nova chance àquele que errou. Para isso existe a eternidade, para que a alma possa caminhar até tornar-se um anjo sublime, um espírito superior. Acredita: não é tão simples assim. Se já viste crianças nascerem sem mãos ou pés, sem poder ver ou ouvir, sem falar nem pensar com lógica, poderás compreender a razão de tais sofrimentos. É que tudo o que se semeia se colhe. Eis a razão pela qual o criminoso que citaste não poderá retornar ao mundo com a mesma capacidade para exercer suas maldades; retornará quantas vezes for preciso, até que aprenda a viver "o amor ao próximo".

– Cruzes! Então poderei nascer sem cérebro, porque estou questionando a reencarnação? – debochou o vigário.

– Depende. Se assim o pedires, para não atrapalhar o progresso da Humanidade, farás um grande favor. No entanto, a reencarnação não é punição, mas instrumento útil para podermos adquirir liberdade, senso de justiça, bondade e conhecimento.

O outro fez uma careta e continuou:

– Acontece que Jesus morreu na cruz justamente para

pagar todos os nossos pecados, e seremos por ele remidos se nos arrependermos sinceramente na hora da morte.

– Com certeza, o arrependimento deve existir, mas és muito ingênuo em pensar que Jesus morreu na cruz para pagar os pecados dos que vieram antes e até dos que virão, porque todos serão julgados e terão que cumprir suas penas em cada detalhe. O fato de te arrependeres de ter contraído uma dívida significa que não deverás pagá-la?

– Não, mas se pratico minhas orações e louvo a Deus todos os dias, consigo a graça divina e estou salvo!

O outro não conteve o riso e disse:

– Realmente, falas tal qual uma criança. Não tens maturidade para conversar sobre assuntos tão sérios. Precisarás reencarnar ainda muitas vezes para entender tantas verdades. É preciso maturidade espiritual para compreender por que uma única existência corpórea não é suficiente para que o indivíduo possa aprender e praticar todas as virtudes intelectuais e morais tão necessárias ao espírito imortal.

Demóstenes, quase trêmulo, redarguiu:

– O único que retornará será Jesus.

– Pois este é o único que não precisará reencarnar. Acreditas realmente que o Cristo de Deus, em sua magnânima superioridade, viria para ser crucificado outra vez? Tolice esta vã filosofia do retorno físico de Jesus. É lógico que isso não acontecerá! Mas nada impede que ele retorne quando e como bem desejar. É justo crer que certos doutores da Igreja deveriam passar outra vez pela alfabetização?

– E não é o que acabas de dizer? Que mesmo gênios renascem bebês e precisam passar por tudo outra vez?

– Sim, aqui na Terra. Mas uma vez aprendidas as lições espirituais, não mais precisam retornar, exceto em casos especiais de grande missão. No plano espiritual, ou em outras "moradas da casa do Pai", completam o processo evolutivo, até se tornarem emissários diretos do Criador.

– Isso é muito confuso! – respondeu Demóstenes. – É mais

fácil pensar que, se agirmos bem, teremos o descanso eterno no Céu e se agirmos mal teremos o fogo eterno no Inferno.

O Bispo de Nissa olhou-o penalizado e disse:

– Para um verme é muito complicado compreender o voo das aves, pois que se contenta com o rastejar no lodo. Descanse. Vou-me embora; preciso de um banho.

VERDADEIROS INVASORES

Demóstenes não suportaria muito tempo. Sentia-se sozinho e humilhado. Não poderia derrotar Gregorinho, o bispo de Nissa. Então, uniu-se a seus adversários arianos e, não encontrando motivos para expulsá-lo sem que o povo reagisse, acusaram-no de desbaratar os bens da Igreja, usando-os para dar conforto à mulher e aos filhos, o que não era verdade. No entanto, outros do clero, invejosos pelo fato de Gregório ser bem casado, uniram-se a Demóstenes. Gregório foi deposto.

Basílio protegeu seu irmão, mantendo-o até que encontrasse outra sede que o aceitasse, visto que não poderia viver em seu mosteiro com mulher e filhos. Gregório de Nissa decidiu que não queria mais nenhuma sede, e para qualquer uma que surgisse, que chamasse o seu primo Gregório Nazianzo. Basílio tinha temperamento arrojado. Construiu um mosteiro situado no Ponto, às margens do Rio Íris, e quis atrair Gregório Nazianzo para lá.

No entanto, os pais de Gregório Nazianzo estavam idosos e este, não os querendo deixar, dirigiu-se para Nazianzo, onde foi ordenado bispo em lugar de seu pai, que o nomeou. Passou alguns anos dividindo os dias entre a solidão monástica e os encargos pastorais. Tornou-se um grande orador, dedicado à poesia, marcando-a com sua grande sensibilidade, cultura e entusiasmo. Tal sensibilidade, aliada a uma certa melancolia, levou-o a vacilar entre o desejo de permanecer no deserto, na solidão, ou na vida ativa.

Mas Basílio insistia em escrever a Gregório Nazianzo, dizendo que era preciso que um bispo de pulso firme e fé inabalável fosse até a pequena cidade de Sásimas. Para atender ao amigo, lá se estabeleceu. Mas não permaneceu ali por muito tempo. Logo que chegou, percebeu que a cidade era povoada por estrangeiros e vagabundos. Deu meia-volta e retornou a Nazianzo.

Durante o reinado do imperador Valente, começaram as perseguições aos bispos que não se declaravam arianos: Basílio é perseguido pelo prefeito, que ameaçava exilá-lo.

Macrina, de compleição física frágil, já não suportava os reveses e perseguições imperiais. Naquele inverno do ano 378 ela desencarnou, sendo amparada pelo carinho do irmão a quem se dedicara toda a vida.

Basílio passou a trabalhar ainda mais intensamente e a dormir poucos instantes por noite. No Natal, visitou todos os ricos da região e, após estar com as mãos cheias, visitou todos os pobres, distribuindo o que recebeu. No último dia daquele mesmo ano, caiu desmaiado, após ter viajado a pé trinta e seis dias. Estava gravemente enfermo.

De todas as formas fora atendido pelos monges, mas de nada adiantaram tantos esforços. Gregório de Nazianzo e Gregório de Nissa ficaram sabendo e foram visitá-lo em seu leito de morte, no dia primeiro de janeiro de 379.

Suas últimas palavras foram sobre as lembranças da juventude:

– Lembras-te, meu amigo, da velha bruxa que encontramos à beira do mar, quando saíamos da universidade?

– Não te esforces – disse Gregório otimista. – Para que ter lembranças ruins?

– Não é uma lembrança ruim – disse Basílio com esforço. – Ela estava certa. Eu não iria viver muito. Sim, tive momentos ruins, decepções, mas vivi intensamente, desde que vi aquela sinistra mulher. Gostaria de fazer mais, porém se Deus decidiu que é chegada minha hora, irei com alegria.

– Enganas-te, querido amigo e irmão. Viverás ainda bastante. Mas se for da vontade de Deus levá-lo, viveste intensamente, fizeste mais que muitos homens fariam somente em muitas vidas.

Ele sorriu, e Gregório sentiu sua mão afrouxar-se das suas.

– O Senhor te receberá em glórias, meu amigo, meu irmão.

No funeral, Anfilóquio falou divinamente sobre ele, lendo o seu panegírico, acompanhado pelas multidões que o amavam e tinham gratidão a ele.

Ali desencarnava um santo e renascia uma esperança.

Mas distante daquele lugar, a história tomava outro rumo: desencarnava um imperador, ressurgia um general.

Para evitar a invasão dos bárbaros, Valentiniano foi auxiliado por um hábil general, Teodósio, que venceu a Britânia, os pictos e os escotos, os piratas germânicos e um levante, na África, do chefe mouro Firmo. O próprio imperador dirigiu a luta contra os Alamanos, permanecendo na Gália quase todo o tempo de seu reinado e fazendo de Treves a capital do Ocidente. Para facilitar a defesa da fronteira, Valentiniano criou um poderoso sistema de fortificações. O imperador dirigiu-se ao Danúbio a fim de enfrentar os quados e sármatas, tendo desencarnado quando negociava com os bárbaros.

O imperador Valente resolveu acolhê-los na Trácia para utilizá-los como soldados e camponeses. Explorados pelos romanos, os bárbaros revoltaram-se e receberam auxílio de outros povos.

Valente teve de enfrentar os germanos, recuando diante dos hunos, que haviam atravessado o volga e vencido os ostrogodos. Os visigodos se lançaram sobre o Danúbio. Valente, não aguardando os reforços que do Ocidente lhe trazia seu sobrinho Graciano, foi derrotado e morto na batalha de Adrinopla pelos góticos. Após a morte do imperador Valente, o hábil general Teodósio assumiu.

Eis que tem início a era das grandes invasões bárbaras.

O novo imperador cristão tinha uma personalidade complexa. Ao assumir o império, Teodósio não distinguia, a princípio, a fronteira entre o temporal e o espiritual, o profano e o sagrado. Não distinguia diferenças entre as instituições da Igreja e as do império.

Um fator importante lhe possibilitou agir de forma ampla. Assim que assumiu, unificou o império pela última vez.

E, tendo se casado, logo teve dois filhos: o primeiro chamou-o Arcádio; o segundo, Honório.

Podia parecer obscuro aos olhos dos menos observadores, mas, na realidade, sua influência no clero foi de suma importância. Desde os primeiros dias como imperador, sua sensibilidade muitas vezes resolveu umas tantas querelas entre seus súditos. Sabia manter a ordem, o equilíbrio e a paz entre todos.

A sensível inteligência de Teodósio, em diversas circunstâncias, provava uma superioridade entre os demais. Além disso, era dotado de um senso de humor que angariava terna simpatia e original afeição.

Preferia o diálogo fraterno em algum lugar discreto, a permanecer em meio à multidão. Talvez ele tenha sido o imperador cristão mais comunicativo e, ao mesmo tempo, o melhor ouvinte. Dotado de admirável vigor físico, possuía um belo aspecto e uma fisionomia marcadamente agradável. Existia uma certa pureza em suas expressões, a qual retratava uma verdadeira beleza de caráter.

Sua voz era suave; jamais falava em som estridente ou aos berros. Evitava tomar parte das discussões triviais. Não se incomodava se era o maior ou o menor e se indignava ao perceber nessas competições silenciosas certa leviandade arrebatadora e impulsiva, verdadeiro ranço moral que não parava até atingir as mais torpes consequências.

Tornara-se imperador por méritos próprios. Sua habilidade em ver todos os lados e em acalmar os temperamentos irados fazia dele o mediador ideal, dirimindo as dúvidas e unindo aqueles que desconfiavam dos outros, conseguindo que trabalhassem em harmoniosa cooperação.

A bondade, a delicadeza, a argumentação clara e a lógica filosófica atraíam a atenção de todos que o ouviam com indisfarçável admiração. Sua força de argumentação era inigualável. Sua habilidade política, invejável.

Amava a lógica de suas ideias e podia vencer qualquer ponto de vista se assim o quisesse, ainda que estivesse completamente errado e o admitisse secretamente. Ele tinha a solução adequada para todas as situações embaraçosas e uma justa resposta para cada pergunta que lhe fosse dirigida. O que lhe interessava era o fato presente, pouco lhe importando o passado com a sua causa ou o futuro com o seu efeito. Vale ressaltar que jamais fora advertido por seus conselheiros acerca de sua preocupação constante em tomar as melhores decisões. Isso, às vezes, demorava um pouco, causando admiração e gerando confiança generalizada.

Além de ser um guerreiro apaixonado por tudo o que fazia, nunca parecia ter pressa, embora fosse pontual em suas obrigações. Seria o embaixador do Bem, da Justiça e da Fraternidade, em nome do Amor Maior. Pode-se dizer que ele retratava a pureza da angelitude toda vez que se encontrava em plena contrição íntima.

A primeira ordem que o imperador Teodósio, bom cristão, expediu foi que cessassem todas as perseguições aos cristãos. O povo saiu às ruas para comemorar e bendizer o santo imperador.

Alguns meses se passaram, e os bispos retomaram aos seus trabalhos em favor do povo excluído. Especialmente Gregório de Nissa, que estava exilado, retomava triunfante à sua sede, tornando a ser bispo. Mas em Constantinopla, o povo não estava gostando das atitudes do então bispo Demófilo, que perseguia homens de bem e tramava contra o imperador.

O imperador Teodósio, logo que chegou a Constantinopla, percebeu os inúmeros problemas militares. No entanto, outros problemas abalavam o império. O povo já não suportava as pressões dos pagãos, que se aproveitavam do enfraquecimento da Igreja, visto que seus membros divergiam entre si. Era a interminável luta entre ortodoxos e arianos.

Os fiéis elegeram um representante para falar com o imperador e logo atrás foram em comitiva dizendo:

– Demófilo instaura a insegurança entre o povo e persegue os verdadeiros santos. Chama Gregório Nazianzo. É o patriarca ideal para restaurar a ortodoxia. É um grande orador, tem natureza sensível. É inclinado à contemplação, é forte espiritualmente. Seus discursos em que expõe a doutrina sobre Deus e a Trindade são notáveis. Os arianos o temem. É sumo orador e teólogo.

O imperador Teodósio era um cristão fervoroso, bom ocidental e altamente influenciado pelos alexandrinos. Instado pelos fiéis ordenou:

– Que expulsem da Sé episcopal o ariano Demófilo e chamem, então, o padre Gregório de Nazianzo para ocupar o seu devido lugar de bispo.

Embora não desejasse ser bispo em Constantinopla, cargo cobiçado por muitos sacerdotes, aos quarenta e três anos, Gregório de Nazianzo foi conduzido, quase contra a sua vontade, à Sé de Constantinopla, tornando-se bispo.

Por mais singular que pareça, Gregório raramente adoecia. Não sofria doenças demoradas nem crônicas. No entanto, ele sentia dores nos joelhos, apresentava erupções na pele e algumas perturbações estomacais, após exaustiva jornada, o que dificultava às vezes suas viagens. Em seus olhos havia uma sinceridade imperturbável, uma fé comovente e uma franqueza diplomática que conseguia acalmar quaisquer dissensões. Tornara-se um indivíduo calmo, prático e prudente.

Era sem dúvida um líder nato, sempre desejoso de conduzir seu pequeno grupo para o seu objetivo desafiador. Todavia, não se pode afirmar que era otimista, porquanto sua prudência inicial o levava a observar o aspecto negativo de tudo, para, a posteriori, tornar-se alegre, afável e então otimista. Além de possuir uma natureza ávida, este santo jovem possuía uma espécie de alegria aparente e ingênua e uma fé eterna, combinada com o zelo cego de um extremado guardião. Mais do que qualquer outro, observava com naturalidade tudo à sua volta. Não era detalhista; seu espírito de liderança não tolerava gastar o tempo em colher fatos que pouco importavam à sua natureza objetiva. Era quase indiferente às coisas materiais e, assim, tinha sempre algo para dar a alguém mais necessitado. Fazer a todos felizes era o que mais lhe causava prazer. Constituía-se um exemplo perante os companheiros.

Demófilo, de natureza oposta, não gostou, mas não se mostrou constrangido diante do imperador. Ao contrário, simulou subserviência, mas uniu-se a Epifânio contra Gregório, orientando-o contra as teorias de Orígenes.

Naquela noite, após receber um grupo de jovens que foi lhe pedir que construísse um hospital para atendimento aos pobres, Gregório não imaginava a armadilha que lhe preparava Demófilo.

Este foi fazer-lhe uma visita, a fim de parabenizá-lo pelo cargo e dizer que não guardava nenhum rancor. Demófilo, forçando uma gentileza, foi falar-lhe amigavelmente, querendo descobrir se Gregório era ou não adepto de Orígenes, para usar tal argumento contra ele. Dizia-lhe em meio à conversa:

– Perdoa-me, bispo, mas não posso conceber tal princípio. Poderia ter sido eu um escravo? Esta ideia absurda me causa náuseas. Evolui-se apenas pela reencarnação? Onde está a misericórdia divina? Não acreditas que essa infinita misericórdia exista e que Deus possa chamar para si qualquer de seus filhos, estando evoluído ou não?

Gregório, no entanto, preferia não se envolver com tais querelas. Mas dizia:

– Onde estão teus conhecimentos a respeito da História, em que a reencarnação figura como um princípio fundamental, na maioria das religiões e dos pensamentos filosóficos da Índia?

Demófilo, não contendo a rispidez, retrucou com ironia:

— Que me interessa a Índia, um povo faminto e preguiçoso, que vive de esmolas e rodeado de moscas?

— És injusto com a sabedoria milenar do povo indiano — disse Gregório com paciência. — Retomemos aos nossos sábios gregos da Antiguidade. Platão, em seus maiores diálogos, como República, Fédon, Faedro, Ménon, Timeu e Leis, utiliza-se do conceito da reencarnação como importante seção de sua Soteriologia[20].

— Isso foi invenção para adquirir discípulos! — respondeu Demófilo com arrogância.

— Estás equivocado, meu irmão. Levar-te-ei para mais longe. É sabido que os mais antigos escritos helênicos contêm a teoria da reencarnação, como se dá no caso da Odisseia, de Homero.

— Ainda assim, pode ser uma empolação dos fracos para justificar suas fragilidades. No tempo de Jesus não havia isso. Ele veio para separar o joio do trigo.

— Enganas-te mais uma vez. Os escritores místicos da Cabala dos judeus ensinavam claramente o conceito da reencarnação.

— Judeus! Foram eles que crucificaram Jesus! Por isso não os aceitamos!

— Tens certeza dessa afirmação? Não foram os sacerdotes aliados aos romanos?

— Não faço cogitações. Além do mais, os egípcios, povos mais antigos e mais inteligentes que os gregos, admitiam a ressurreição, por isso seus faraós embalsamavam os próprios corpos, para um dia sua alma habitar novamente o corpo, retomando ao seu reinado.

— Ainda assim — completou Gregório, — reafirmo que deves ler com atenção as páginas do Novo Testamento, pois existem diversas referências que certamente refletem a crença

---

[20] Parte da Teologia que trata da salvação do homem – nota da editora.

na reencarnação, nos dias de Jesus. Quanto aos egípcios, digo que somos mais evoluídos do que eles.

– Esta tua palavra é muito perigosa, ainda vais arruinar-te. Por acaso tu és um seguidor de Orígenes?

– Se para ser reencarnacionista deverei seguir o pensamento de Orígenes, então sou sim. No entanto, acima de tudo, sou um cristão. E o Cristo é o meu mestre maior. Um dia verás que estou com a razão. Adeus, meu amigo. Tenho outras preocupações. – E assim falando, retirou-se, evitando outros argumentos do seu interlocutor.

.*.*.*.

Gregório de Nazianzo, habituado a ser chefe de uma pequena comunidade ortodoxa da capital, pressentia que não iria demorar-se por muito tempo. Antes precisaria orientar o imperador não somente quanto à construção de casas de assistência, mas quanto à construção de julgamentos. Para isso organizaria um concílio que pudesse restabelecer as ideias.

Naquele ano, sob a orientação de Gregório, o imperador autorizou para o subúrbio de Cesareia da Capadócia, um conjunto de construções: igreja, mosteiro, hospício e hospital. Contratou pessoal qualificado, médicos e enfermeiros destinados a acolher viajantes, leprosos e inúmeros doentes. O complexo era denominado " As Casas dos Pobres", onde os irmãos mais deserdados, os pobres, os desabrigados, os vagabundos ou andantes, os enfermos e os loucos recebiam devotado tratamento.

.*.*.*.

Surgia o ano de 380. Constantinopla se mantinha de pé, imponente como toda cidade cosmopolita. As praças e vias públicas estavam repletas dos mais variados tipos humanos, pertencentes às mais diversas profissões, condições sociais e raças.

Fundada no ano de 330 por Constantino, Constantinopla situava-se em local privilegiado e cobiçado. No curso das águas cristalinas do rio Bósforo, via-se a navegação atravessar rumo ao Mar Mármara, estendendo-se para o noroeste, até alcançar uma soberba baía.

Entre ela e o Mármara localiza-se um promontório montanhoso, o qual se assemelha a um triângulo, cujo vértice rombudo está voltado para a Ásia. Esse pontal fica numa posição favorecida e de enorme importância no intercâmbio sustentado entre a Grécia e as cidades do Mar Negro.

Nenhum navio mercante poderia penetrar nesse mar ou retirar-se contra a vontade dos moradores de Constantinopla.

Por causa destes e de outros fatores, os líderes e mercadores dali possuíam em seu poder todos os gêneros de primeira necessidade, indispensáveis aos homens.

Constantino, estando inspirado, escolheu tal local para a construção da Nova Roma. Além disso, Bizâncio estava localizada numa encruzilhada de importantes rotas terrestres que se estendiam da Europa Continental ao Índico e do vale do Danúbio ao Eufrates. Estava a nova metrópole fadada a tornar-se um centro político e econômico de primeira grandeza.

Em virtude de sua situação geográfica, Constantinopla seria ao mesmo tempo potência marítima e continental. A função de Constantinopla consistia em defender essas grandes vias e em utilizá-las para sua expansão. Serviriam igualmente aos seus exércitos, aos seus negociantes e missionários que irradiavam para longe sua influência.

A cidade do Imperador cristão era repleta de estrangeiros. Viviam lado a lado, como nunca se viu, gregos, armênios, capadócios, semitas, egípcios, eslavos, búlgaros e até turcos. Isso dava à cidade um colorido racial e ao mesmo tempo uma miscigenação cultural, que de certa forma enriquecia a vida de todos os habitantes, predominando uma intensa diversidade étnica. Viviam bem com todos os orientais, os anglo-saxões, os normandos, os franceses, os romanos e os espanhóis.

Antes, trabalhos manuais eram atividades dos escravos. Agora, graças a Jesus e às exortações de Paulo, a carpintaria, a tecelagem, a tinturaria, o artesanato e a floricultura tornaram-se profissões comuns a todos os cristãos. A cada dia estava mais difícil para os pagãos acumular escravos, pois precisavam comprar das mãos de um cristão o móvel, o tecido, o vaso. Com isso, eles precisavam pagar por tais serviços, o que os tornava cada dia mais pobres e os cristãos cada dia mais ricos.

As ruas começavam a se encher de comerciantes. No movimento oscilatório dos trausentes, acotovelavam-se os aventureiros de várias nacionalidades: eslavos, armênios ou escandinavos, vindos para tentar fortuna na metrópole; os soldados de uniformes berrantes e de estatura elevadíssima, entre os quais os robustos da guarda negra; mercenários latinos armados de imensas espadas, que se assemelhavam a estátuas de bronze. Também se viam mulheres esbeltas, graciosas e elegantes, com as faces bem pintadas, sempre adornadas com colares, brincos, anéis e cintos de ouro, prata e pedras preciosas. Todos passavam a pé ou em liteiras. Também havia os mascates, que impregnavam o ambiente com o pregão de suas especiarias. Não poderiam faltar as alcoviteiras e os espiões em busca de suas vítimas. Tudo isso tornava a avenida central de Constantinopla bem agitada, ruidosa, animada, pitoresca, constituindo palco de novos espetáculos do cotidiano, fazendo da capital de Constantino uma metrópole esplêndida e atraente.

Tal era a agitação durante o dia que, ao anoitecer, todos os moradores se recolhiam às suas casas. Um silêncio tumular tomava conta das vias principais. Nenhum ruído era ouvido. Isso facilitava a guarda da cidade, já que os assaltos se tornaram constantes devido à conhecida riqueza do povo daquela cidade.

Não muito distante de Constantinopla, havia um palácio rodeado por casebres, cujos telhados eram feitos de palhoça, rodeados por campos de pastagens de ovelhas e equinos, além de vinhas fartas a se perderem de vista. Os próprios moradores daquela pequena vila cuidavam de sua proteção e, apesar de tantos outros castelos terem sido invadidos, este ainda permanecia sob a guarda de homens corajosos e dispostos a lutarem por aquele lugar abençoado.

Adentrando o palácio, lia-se no portal superior uma legenda hospitaleira: "A paz de Jesus". Ricamente decorado, a imensa morada de Teodósia sofrera visíveis modificações exteriores e interiores, o que caracterizava uma residência cristã.

No jardim, não se viam mais estátuas de Vênus, mas um chafariz que jorrava água abundantemente. No interior da casa havia andores que antes sustentavam magníficas estátuas de Zeus e Lares e agora davam lugar a vasos de flores.

Aproveitando a noite, Teodósia, sentada em confortáveis almofadas, contava histórias à sua filha adotiva, Olímpia, que tinha pouco mais de quinze anos:

— Ouve, filha: já és bastante crescida para compreenderes as histórias mais profundas. Por isso, não é necessário que me utilize mais das alusões. É preciso que saibas as razões verdadeiras de cada acontecimento para que o tempo não te gere dúvidas. Dizem que Constantino, após fugir da corte imperial e juntar-se ao seu pai, Constâncio Cloro, tornou-se Augusto da Gália. Os cristãos logo se simpatizaram com ele, graças à influência de sua mãe, a rainha Helena, que se tomara cristã.

— E de que modo Constantino se tornou imperador? – questionou Olímpia.

— Bem. Dizem que, quando estava a caminho da batalha de uma ponte chamada Mílvia, ele recebeu uma visão da cruz com as seguintes palavras: "Com este sinal, vencerás".

— E então o que aconteceu?

— A partir deste instante, os exércitos daquele jovem passaram a usar, sobre seus escudos e capacetes, a cruz sagrada.

Sob tal inspiração, não tardou o momento em que ele viesse a obter autoridade total sobre Roma. Milagres começaram a acontecer. Havia uma mística envolvendo as legiões. Era a imagem do Cristo redivivo em todas as mentes. O exército romano estava decaído após séculos de vitórias. No entanto, os jovens guerreiros, de tímidos e temerosos, passaram a exímios arqueiros, ferozes espadachins e nem mesmo a força do trovão os poderia derrotar.

Ao soar da trombeta, homens fortes e cheios de fé empunhavam escudos e capacetes com um emblema em forma de cruz.

– E eles matavam pessoas, minha mãe?

– Infelizmente, sim, filha. Foram os primeiros guerreiros santos, das sangrentas lutas em nome do Senhor, que pregou "amor aos inimigos".

– Mas ainda existiam muitos pagãos? – perguntou a garota.

– Sim, apesar de a população cristã ser em maior número, ainda havia dissensões. Como a boa vontade é capaz de transformar pedras em penas, Constantino expediu o célebre edito de tolerância, interrompendo parcialmente as perseguições aos cristãos, o que os aliviou em muitos aspectos. Era o começo da oficialização da religião cristã como sendo a principal do imponente e destemido império. O imperador Constantino alterou para sempre o curso da história eclesiástica, a qual passou do período de perseguições imperiais para o período de benefício imperial.

– É por isso que o papa manda mais que o rei?

– Oh! Estás compreendendo! É mais ou menos isso. No entanto, muito haveria de ser feito. O império não era somente uma cidade. Agora mais que nunca ele redefinia-se como uma colmeia de cidades dotadas de relativa autonomia. Da mesma forma, os fiéis seguidores de Jesus surgiam oficialmente e de forma universal repartidos em uma série de comunidades locais, submissos à autoridade de um líder, o bispo, que só não era maior que o papa, mas tomava muitas vezes decisões acima do poder imperial. Por isso, a antiga Bizâncio desaparecera para sempre do mapa para dar lugar à belíssima e poderosa cidade de Constantinopla, a qual abrigava nos últimos anos o

Império Romano Oriental, tomando-se com muito orgulho a Nova Roma. Mas, vejo que já é tarde. Precisas dormir.

– Oh! Não, por favor, conta-me mais. As aulas de latim são boas, mas prefiro as histórias – suplicou Olímpia ansiosa.

– Pois bem. Só mais um pouco, não quero cansar-te. Já ouviste os mais velhos falarem da rainha Helena?

– Sim, a mãe de Constantino – respondeu a jovem. – Fala-se dela com muito respeito.

– Isto tem uma razão. Helena foi uma grande mulher, como tu serás um dia. Previu que Constantinopla se tomaria o centro de irradiação da doutrina cristã, a qual modificaria o Oriente e o Ocidente pelos próximos milênios. Influenciou seu filho a contribuir imensamente para o crescimento e estabelecimento do Cristianismo, acrescentando favores em benefício do clero, como nenhum outro imperador o fez. A distribuição farta de dinheiro, as isenções fiscais e a capacidade legal de herdar, permitiram o desenvolvimento de seu patrimônio. Além disso, as sentenças do clero eram válidas pelo Estado, o que aumentava substancialmente seu poder ante os homens comuns. Tantos privilégios fizeram do símbolo cristão uma poderosa influência, chegando mesmo a serem cunhadas moedas com tais símbolos. Tais moedas se tomaram um poderoso instrumento de pregação e propaganda que adentrou as bolsas e os lares pagãos.

– Mas o paganismo ainda não acabou, não é verdade?

– Certamente. A tão sonhada igualdade entre culto pagão e culto cristão está ainda distante. Por isso o clero não hesita em criar um mecanismo infalível de propagação da nova doutrina, que tem a mais difícil de todas as missões: levar os homens a amarem uns aos outros.

– Há algo que não compreendo – prosseguiu Olímpia. – Como querem que os homens amem uns aos outros, se ouvi falar que destruíram templos pagãos com pessoas dentro?

– Isso é verdade – respondeu Teodósia prestativa e paciente. – A própria rainha Helena já se preocupava com tais problemas. Por isso ela ordenou que, com a destruição de parte dos hábitos pagãos, era necessário substituir os hábitos do povo dando-lhe novas ocupações. Os lugares de culto deveriam ser tão ou mais imponentes e belos que os templos pagãos onde se cultuavam os deuses gregos, romanos ou egípcios. Ordenou também que se construíssem magníficos edifícios em forma de gigantescas cruzes, com engenharia e arquitetura das mais modernas existentes, nos pontos mais estratégicos do vasto Império, mesmo que fossem lado a lado com templos pagãos.

Assim foi feito conforme a sua soberana vontade, o que foi motivo de perseguições veladas. Após a morte de Constantino, que fora batizado nos últimos dias de sua vida, e a de sua mãe, seus três filhos o substituíram, dividindo o império. Mas Constâncio II uniu, assim como fez o seu genitor, todo o mundo romano sob sua autoridade. Essa foi uma fase de paz entre os cristãos.

E perguntou mais uma vez Olímpia:

– Acabaram todas as perseguições?

– De certa forma, sim. A partir desse momento, o clero começou a criar inteligentes métodos de evangelização de crianças e adultos, de todas as classes sociais, e ricos e pobres começaram a dividir lugar nos cultos. Com tal resolução, as conversões se multiplicaram em todo o mundo oriental e ocidental.

– Assim como vemos hoje?

– Sim, filha, exatamente. A partir de então, os pagãos é que passaram a ser mal vistos.

– E o que os cristãos fizeram com os pagãos?

– Ah! Os cristãos, no entanto, ensinaram aos pagãos uma valiosa lição. Diziam a eles em plena praça pública:

– Não vos lançaremos aos leões, não vos atravessaremos com lanças, não vos entregaremos aos sacrifícios no fogo, menos ainda vos crucificaremos. Ao contrário, fazemos questão de viver em paz convosco, que sois nossos irmãos.

Como todo brado em praça pública está sujeito a resposta,

o povo pagão soube responder à mesma altura:

– Que dizeis da destruição de nossos templos, da proibição de nossos sagrados rituais e das severas repreensões aos sacrifícios aos deuses do Olimpo? Cercear as ideias de um povo não é matá-lo discretamente?

– Sim, adorada mãe, de certa forma eles tinham razão. Bem, obrigada mais uma vez. Já tenho sono. Tranquiliza-te que dormirei a noite toda. Dá-me tua bênção.

– Deus te abençoe, filha. Sonha com Jesus.

– Sonharei.

DISCRETA CARIDADE

Naquele início de verão, a lua cheia clareava o negro céu estrelado.

Era alta madrugada. A jovem Olímpia esperou a casa se envolver em silêncio. Num gesto rápido, ela saltou da janela do seu quarto, sendo amparada por um rapaz que a aguardava com uma escada, pela qual ela desceu. Os raios prateados do luar iluminavam a meiga face de Olímpia. Seu semblante de rara beleza e suavidade angelical, associado às suas formas perfeitas, transformavam essa jovem numa formosa mulher. Seus traços, pouco comuns para as moças da época, combinavam com o rosto oval, de nariz delicado e lábios naturalmente corados. Na face rósea, emoldurada por lindos cabelos ruivos, destacava-se um par de olhos redondos tais quais duas esmeraldas que reluziam candura, inteligência e generosidade.

Ao encontrar o rapaz, denominado Cirilo, ela sussurrou:

— Está tudo pronto?

— Sim, minha senhora – respondeu Cirilo.

— Tens certeza de que ninguém nos viu?

— Se alguém nos viu, cegou-se e emudeceu – insistiu o outro.

— Então, caminhemos depressa. Coloca teu manto sobre a cabeça. Nosso plano é realmente perfeito e, com a graça de Deus, tudo sempre vai bem. Teodósia contou-me tantas histórias que a pobrezinha, de tão cansada, logo pegou no sono pesado.

Risos.

Depois de alguns minutos de caminhada silenciosa, chegaram aos pés do imenso muro da cidade. Procuraram a saída dos animais e esperaram o momento exato da troca da guarda. Rapidamente, passaram sem dificuldades pelo estreito portão.

Mais alguns passos:

– Este saco está muito pesado! – queixou-se Cirilo. Já não basta a nossa fé para que Deus nosso Senhor nos veja com bons olhos?

A jovem que, com seu corpo frágil e veloz, também carregava com muito esforço um saco nas costas, parou um instante e, fulminando-o com o olhar, respondeu:

– Ora, deixa de lamentações. O que pesa em nossos ombros serão migalhas para tantos irmãos famintos. Não aprendeste que, assim como o corpo sem o espírito está morto, também a fé sem obras é morta? Não estás contente em levar o auxílio aos mais necessitados? Imaginas que tua fé te basta para alcançares o céu?

– De certa forma, sim – respondeu Cirilo, meio encabulado. – Participo de todas as celebrações, faço minhas penitências, pratico o jejum e a oração regularmente, dou esmolas e evito as tentações. De que mais preciso?

– Pensas que isso basta? Apenas a fé? – respondeu Olímpia, retomando a caminhada. – Eu prefiro as obras. Onde está a tua fé sem as tuas obras? Entre as paredes dos santuários? Na liturgia diária das Sagradas Escrituras? Demonstra-a, que eu te mostrarei a minha fé pelas minhas obras.

– Olímpia, perdoa-me – disse o jovem eunuco, parando tal qual uma estátua. – Há tantos no clero que acreditam em Deus, mas agem de forma dissimulada, tencionando apenas ter uma vida regalada e farta. Não sou um pagão, e isso já é importante para provar minha fé, pois creio que há um só Deus.

– É verdade! – exclamou a jovem, simulando espanto – Os demônios também o creem e tremem de medo.

O jovem desconcertou-se novamente, fez uma careta e ousou mais uma vez, dizendo:

– Como pode então um homem ser agraciado por Deus só com obras, se a fé é o mais importante?

– Bem vejo – disse Olímpia – que há anos temos o hábito de estudar as Escrituras Sagradas, mas tu em nada te modificaste. Entras templo adentro, mas o templo jamais entrou em ti. Como é vazia essa tua mente! Queres tu saber que a fé sem as obras é morta? Por acaso o nosso pai Abraão não foi justificado pelas obras, quando ofereceu sobre o altar o seu filho Isaque?

– Entendo – disse o rapaz. – Pelo que disseste, as obras colaboram com a fé e pela fé as obras são aperfeiçoadas.

Ela riu subitamente e disse:

– Meu irmão, roga à Virgem Santíssima que abra e ilumine teu espírito para que entre um pouco de sabedoria nesta cabeça oca. Entendeste tudo ao contrário. Pelas obras a fé é aperfeiçoada e a fé coopera com as obras. Compreendeste, agora?

Ele acenou positivamente com a cabeça e concluiu:

– Ah! Ah! Para mim uma e outra são a mesma coisa.

Após caminharem um pouco, encontraram-se com um grupo de viajantes latinos que tentavam, há muitos dias, autorização para se estabelecerem na Nova Roma. Sem comida, sem trabalho, com mulheres, crianças e velhos, o grupo de mais ou menos trinta pessoas minguava, sem que as autoridades se condoessem da condição sub-humana deles.

Mas Olímpia e seu fiel ajudante se aventuravam corajosamente para colocar em prática o auxílio ao próximo.

O dia estava amanhecendo, e os primeiros raios já iluminavam o horizonte.

A jovem, recém-saída da meninice, em poucos minutos havia conquistado a simpatia de mais um grupo de estranhos.

Chegou em silêncio, com um pão nas mãos e saudando-os com voz doce, foi logo bem recebida, iniciando a distribuição dos mantimentos que havia trazido. Envolvida, sentou-se com eles e começou a falar, enquanto Cirilo continuava a distribuir. Destacava-se pela túnica de seda alvíssima parcialmente recoberta por um manto azul, ornado com minúscula figura representando as Sagradas Escrituras.

De longe Olímpia podia ouvir a voz do servo, gritando:

– Olímpia! Onde estás? Responde depressa!

Enquanto falava o helênico corretíssimo a respeito do Evangelho de Jesus, retirava os últimos alimentos do saco de linho.

Sorria para todos, como se sentisse uma imensa satisfação em ajudar, mas seus olhos úmidos demonstravam uma disfarçada tristeza por verem tanta miséria, causada pelas injustiças sociais dos ricos nobres contra os pobres agricultores que, sem proteção, temiam os saques, os sequestros e os assassinatos.

A perda do poder aquisitivo da moeda e os severos impostos que pesaram sobre o pequeno proprietário levaram-no a buscar a proteção dos grandes, proteção que lhe custaria muito caro pelas próximas gerações.

Olímpia, através das lições ensinadas por Teodósia, tinha noção de tais injustiças. No acampamento, ela sentou-se, pegou no colo uma criança muito miúda, e enquanto a alimentava com um pedaço de pão que molhou no mel, continuou a conversar com um ancião, cuja barba branca denunciava não somente a velhice, mas os reveses da vida. Com voz abalada, ele dizia:

– Doces eram os dias de meus pais, quando Deus mandava o maná do Céu, e sabíamos quando a ira do Senhor se abatia sobre nós, e o próprio Pai Celestial nos dava e nos tirava. Agora, os homens mandam no mundo. Um dia, anoitecemos em nossas terras, plantamos e colhemos os frutos de nosso trabalho, mas ao amanhecer, não temos mais terra para plantar, pois o inimigo, usando de sua tropa armada, obriga-nos a fugir de nossos lares, se quisermos preservar a própria vida.

Assim já estamos há oito luas vagando de cidade em cidade, mas ninguém nos recebe. Acampados assim, estamos à mercê da sorte. Se hoje temos uma refeição, é graças à tua misericórdia. Que Deus te abençoe, e que teu nome seja louvado por todas as gerações.

Olímpia, olhando-os condoída, respondeu ao ancião:

– Garanto que, hoje mesmo, enviarei um servo, que os encaminhará à nossa vinha. Lá terão trabalho digno, refeições decentes e moradias seguras.

– Será isso verdade? – questionou o velho, já cansado de tantos tormentos.

– Antes que anoiteça estarão em segurança – concluiu Olímpia.

A criancinha que ela trazia no colo, ouvindo isso, saltou-lhe dos braços e saiu gritando para a mãe:

– Mamãe, vamos para uma casa linda, onde poderemos comer todos os dias, brincar e dormir em camas macias.

A mãe a recebeu com os olhos úmidos. Após abraçá-la, deixou-a ir e, aproximando-se de Olímpia, ajoelhou-se e beijou-lhe a mão.

A jovem desconcertou-se e, levantando-se, acariciou os cabelos daquela mulher sem nada dizer. Apenas imaginava o quanto todas aquelas pessoas sofriam.

O eunuco olhava-a com preocupação e insistiu, após uma pausa:

– Senhorinha, come pelo menos um pedaço de pão ou no mínimo um figo. Não podes passar tantas horas em jejum. Desde ontem que não tomas sequer um pouco de água. Que farei, se desmaiares no caminho?

Olímpia olhou-o e falou comovida:

– Cirilo, acaso poderia fartar-me de comida, sabendo que tantos irmãos carecem do necessário? Não percebeste nos olhares de todos que não precisam apenas de alimento, mas de proteção, de abrigo, de amparo, de uma palavra amiga e de ensinamentos?

O rapaz continuou:

– Perdoa-me, mas se deres alimentos a eles, ficarão mais preguiçosos e não quererão trabalhar, sabendo que de tuas mãos sairá o sustento de suas famílias. Deem-se-lhes ferramentas, e não o trigo colhido e moído.

– Não me cabe julgar o que farão quando estiverem fartos – disse Olímpia. – Devo ajudá-los hoje, porque neste momento estão necessitando.

Mais alguns instantes, e o servo que a procurava se aproximou a cavalo e, trazendo-lhe outro animal, disse ofegante:

– Senhorita Olímpia, Teodósia levantou-se, ainda escuro, e está à tua procura. Deixa esses moribundos aí e vamos depressa. Não abuses da benevolência daquela que se fez tua mãe.

A jovem olhou-o e disse:

– Só mais um instante, por favor.

Retirou do fundo do saco um outro saco menor, de couro curtido e, entregando-o ao ancião, despediu-se sem olhar para trás.

O velho, ao abrir a pequena bolsa, pôde ver que havia ali mais de quinhentos denários. Ficou emudecido e mostrou a todos, que mal puderam conter as lágrimas de alegria.

Sem dificuldades, Olímpia montou o cavalo que o servo havia lhe trazido, enquanto Cirilo ajeitava-se na garupa junto ao outro.

Ao chegar à sua residência, Teodósia a aguardava com ares de impaciência, o que era raro, pois suas atitudes eram sempre de benevolência e mansidão.

O servo confidenciou a Teodósia a respeito de onde e de que maneira encontrara Olímpia. Com as mãos na cintura, ela acenou com a cabeça para que os rapazes saíssem e, olhando para Olímpia, falou:

– Em nome de Deus, minha querida. Onde estavas até esta hora? Quantas vezes já te adverti para não te distanciares por tanto tempo? Desde que Deus levou teus pais e teu tio Procópio, o prefeito a colocou sob meus cuidados. E não tenho tido outra satisfação senão a de ver-te crescendo e tornando-te a mais bela entre todas as jovens da corte. Sei de tua alma bondosa, mas temo por tua segurança, quando te juntas aos estranhos. Lembras-te da última vez que foste levar alimentos a um grupo de peregrinos? Quase te levaram junto. Vê o quanto estás pálida!

Ouvindo aquelas palavras, a jovem tentou disfarçar a melancolia:

– Perdoa-me, mas de que modo posso guardar toda a lei e tropeçar em um ponto? Não haverei de tornar-me culpada de todos os outros?

– Oh! Meu Deus! Justamente hoje, que teu noivo vem te visitar, estás tão abatida!

Olímpia impacientou-se e disse em prantos:

– Posso eu pensar em núpcias, em fartura, em felicidade, se meus irmãos e irmãs estão nus e sem mantimentos? Muitos estão sem abrigo, enquanto temos milhares de ovelhas que dormem nas palhas macias e ao abrigo do vento e do frio!

– Bem sabes, filha – aproximou-se Teodósia, carinhosa – que teus bens precisam ser administrados por uma pessoa competente. A imensa fortuna que teus pais te deixaram tem atraído a ambição de muitos homens. E não é somente isso. Tua juventude, ternura e beleza inolvidável fazem de ti um tesouro cobiçado por muitos romanos e gregos. Pois agora surgiu Nebrídio, um jovem que te admira pelas tuas virtudes, pela tua bondade, pelo que és interiormente. Tenho-me mortificado, a fim de que a graça de Deus te abençoe e te faça venturosa. Meu irmão Anfilóquio trará teu noivo para almoçar conosco, logo após a celebração dominical, para que o conheças e, se possível, que te sintas agraciada com sua presença.

Olímpia, que estava entristecida, alegrou-se apenas após ouvir o nome do bispo, por quem tinha profunda admiração e gratidão:

– Anfilóquio, o bispo de Icônio almoçará conosco? Felizmente o almoço não será tão desagradável.

Teodósia olhou-a com espanto e perguntou:

– Como posso compreender-te? Em tua idade eu estaria radiante! Mas parece que tu não sonhas em casar-te, conforme todas as jovens almejam, em ter filhos maravilhosos que encherão tua casa de felicidade. Tens um futuro brilhante, poderás ajudar mais ainda à frente da corte.

Olímpia olhou-a com mansuetude e, abraçando-a, respondeu:

– Amo-te, Teodósia! Tu és uma mãe e uma mestra para mim. Ensinaste-me a amar a Deus, a amar ao próximo, a ter misericórdia para com os necessitados, a ajudar e não temer o mundo. Sei o que não devo fazer, mas ainda não compreendo o que devo fazer.

Dia e noite volto meu pensamento para o Cristo, jejuo e evito as alegrias do mundo, mas meu coração não me responde. Apenas sinto que não poderei fazer nenhum homem feliz, nem poderei florescer minha casa de filhos, enquanto minha alma sofrer ante as injustiças que assolam nossas portas. Um pedido eu te faço: envia um responsável pelas vinhas para que possa empregar um grupo de viajantes mendigos que estão acampados perto da praia, com mulheres e filhos.

Teodósia segurou-lhe as mãos e falou com firmeza:

– Saíste outra vez sem minha permissão? Oh! Minha querida, ainda és muito jovem para tais aventuras e preocupações. Mas asseguro-te, nada será feito contra a Vontade Magnânima de Deus, Nosso Senhor, muito menos contra a tua vontade. Agora sobe aos teus aposentos. Ordenei que preparassem banhos aromáticos para ti.

Assim que Olímpia obediente subiu ao andar superior para banhar-se, Teodósia providenciou que fosse cumprida sua vontade. Ordenou que o vinhateiro fosse, com o servo, até o grupo de viajantes e os trouxesse para empregá-los imediatamente.

Enquanto se encaminhavam para lá, uma tragédia aconteceu.

COVARDE MASSACRE

Havia dias, um grupo armado de bárbaros tencionava atacar de alguma forma os que entravam ou saíam da cidade.

Como a metrópole era bem guardada, eles não conseguiriam penetrá-la. Vendo que o grupo de viajantes não estava armado e tinha bastante comida, eles os atacaram e os assaltaram.

O líder, descobrindo que o ancião trazia uma bolsa cheia de dinheiro, imaginou que havia mais. Torturaram-no, mas ele dizia a verdade, que nada mais tinham, além daquele presente.

Mas forçaram-no a dizer de onde vinha o dinheiro. Como o grupo não conhecia a jovem, nada pôde dizer. Irado, o líder sacou da espada e, friamente, assassinou o velho indefeso.

Os outros ficaram desesperados, as mulheres e crianças partiram para cima dos outros bárbaros com pedras e paus. Estes, por sua vez, sacaram suas espadas e, sendo mais fortes e acostumados com as lutas sangrentas, num instinto de crueldade, mataram a todos, não poupando as mulheres nem as crianças.

Quando os enviados de Teodósia chegaram ao local, encontraram todos mortos e não puderam entender, mas imaginaram pela crueldade dos golpes.

Retomaram cabisbaixos e horrorizados com o acontecimento. Ao chegarem, relataram a Teodósia o acontecido. Então esta lhes rogou:

– Pelo amor de Deus, não digamos nada a Olímpia. A pobrezinha não poderia suportar tamanha dor. Ela vê o próprio Cristo em todos os necessitados. Falarei ao meu irmão Anfilóquio para que tome providências junto à corte a fim de que estas tragédias não tornem a acontecer.

Ainda naquela manhã, as duas damas se encaminharam para a celebração dominical, devidamente seguras por guardas montados a cavalo.

Naquele domingo, a Mesê, rua central de Constantinopla, estava repleta de transeuntes, a maioria indo na direção da Basílica. Com pórticos de ambos os lados, a avenida cruzava com diversos logradouros importantes, tais como o Fórum Augusto, o Fórum de Constantino e outros.

Nas arcadas da Mesê, encontravam-se as grandes lojas dispostas em grupos, de acordo com as mercadorias. A praça de Augusto era rodeada de pórticos e enquadrada ao norte pela Basílica, ao sul pelo palácio imperial, a leste pelo palácio do senado. Lá estavam o palácio sagrado, a residência imperial contendo um edifício, um conjunto complicadíssimo de construções, apartamentos de recepção e pavilhões ocultos sob a vegetação, palácios e casernas, termas e bibliotecas, igrejas e prisões, longas galerias e balcões com vistas para o Mar Mármara e o rio Bósforo, escadarias, torres e jardins.

O culto cristão iniciou com a leitura das Escrituras Sagradas. Em seguida, o bispo Gregório expôs sua homília sobre o amor aos pobres. E o ritual continuou, seguindo os caminhos traçados na última Ceia do Senhor: a oração comum, a bênção aos fiéis, a saudação entre eles, a consagração do pão e do vinho, oferecidos aos que assistiam ao culto e participavam da comunhão.

Ao término daquela manhã abençoada, Olímpia e seus protetores retornavam ao recinto doméstico, sendo que Teodósia havia convidado para o banquete dominical o bispo Anfilóquio, seu primo Gregório de Nazianzo e o jovem Nebrídio[21], na intenção de selar o compromisso de noivado com Olímpia.

A jovem sentia-se desconcertada com a presença de um pretendente e temia que todos percebessem sua inaptidão para dedicar-se apenas ao lar, como cabia a todas as moças de sua idade e de sua época. No caminho, mantinha um leve sorri-

---

[21] Vide a obra: Vida dos Santos, Vol. XII, de Butler: S. Olímpia. Petrópolis-RJ: Vozes, 1993.

so no rosto, porém se limitava a responder com monólogos. Ao chegarem, Nebrídio quis mostrar-se gentil, auxiliando-a a descer da carruagem.

Olímpia chegou a pensar que, se tais gentilezas fossem comuns àquele moço, poderia esforçar-se para manter com ele um relacionamento fraternal. Sorriu e agradeceu.

No almoço, Teodósia já havia deixado ordens para que a refeição fosse farta. Apareceu uma serva trazendo uma bacia de prata com água perfumada. Em seguida, dois servos bem vestidos trouxeram figos frescos, ervas aromáticas, ovos pequenos e taças de vinho com mel.

A mesa estava recoberta com uma toalha branca, rica em bordados com fios dourados, e adornada com franjas de púrpura. Sobre ela dispunham-se guardanapos e pequenos recipientes com água para lavar as pontas dos dedos durante a refeição. Antes de se achegaram à mesa, os convivas trocaram os calçados. Tomaram a refeição, recostados sobre um leito colocado em torno de uma mesa em forma de sigma. Anfilóquio recitou uma prece de elevada inspiração, relembrando a Última Ceia do Senhor e agradecendo pelo alimento. Havia pratos de prata e ouro, taças com medalhões esmaltados e dourados, vinho, molho de peixe, assado de cabrito gordo recheado de alho e cebola.

Teodósia elogiou o discurso feito por Gregório.

Nebrídio comentou sobre o massacre, sem nenhuma cerimônia, dizendo rudemente:

– Não poderia ser mais justo. Que será de nossa cidade, se tais bárbaros continuarem a romper nossas barreiras naturais? Haverá de, em pouco tempo, ser assolada e reduzida a pó. São mesmo uns animais. Dizem que até as mulheres e crianças assaltam e matam qualquer um que se aproximar do bando ou tentar impedi-los.

Teodósia, tentando desviar o assunto, percebeu a expressão de pavor que Olímpia começava a estampar no rosto e, antes que pudesse calar o pretendente indócil, Olímpia, num ímpeto, retirou-se da mesa, dizendo:

– Queiram perdoar-me.

Cirilo imediatamente se levantou do canto onde estava e a acompanhou fielmente, em silêncio.

Lá fora, alcançou o jardim e, no labirinto das pequenas árvores podadas, entregou-se aos prantos.

Todos silenciaram e Anfilóquio, o bispo de Icônio, ofereceu-se para acompanhá-la, da mesma forma desculpando-se e retirando-se da mesa. Teodósia, então, disse:

— Peço-vos desculpas, senhores, pelos rompantes de Olímpia. É a juventude a avassalar-lhe a nobreza d'alma. Como sabeis, qualquer um que perde os pais em tão tenra idade não tem o mesmo equilíbrio de quem viveu às voltas com os carinhos maternais.

Gregório a interrompeu, dizendo:

— Não és justa com tais palavras, se me permites, nobre irmã. Todos sabemos que tens dedicado à menina o mais puro amor maternal e, com certeza, não ultrapassas também a autoridade de muitos pais que conhecemos. Contudo, ainda considero que para educar as mulheres precisa-se muito mais do que carinho e amor. É preciso autoridade. É claro que há exceções, e Olímpia é uma delas.

Nebrídio, que estava silencioso e estupefato, falou meio irônico:

— Não quero ser interpretado erroneamente, mas as mulheres jovens são semelhantes aos cavalos de raça. Sendo bem domados, conseguem...

Antes que ele terminasse a ofensa, Teodósia o cortou, falando em tom pausado:

— Ouve, filho – assim já posso te chamar, já que pretendes fazer parte de nossa família – não permitirei que te refiras dessa maneira a Olímpia. Ela é ainda muito jovem para premeditar as consequências de atitudes rompantes, mas em momento algum a repreendo por querer defender a vida dos miseráveis. Se a pretendes domar, fica sabendo que o seu espírito está além dos animais, pois tudo o que ela faz e fez até hoje vem do mais profundo sentimento de amor ao próximo, tal qual o ensinou Nosso Senhor Jesus Cristo.

Nebrídio secou o canto da boca com a ponta dos dedos e com um gesto humilde, bem ensaiado, falou:

— Rogo teu perdão, senhora. Minha estupidez vem de anos de vida ao lado de homens rudes e impiedosos. Podes ter a certeza de que admirarei cada gesto nobre de minha futura esposa.

DA ÓRFÃ PARA OS ÓRFÃOS

Lá fora, enquanto Anfilóquio se dirigia ao labirinto, Cirilo, ficando para trás, tomado de louco acesso de ciúmes, tramava seu plano de vingar-se de Nebrídio, dizendo a si mesmo entre dentes, sem que ninguém o ouvisse:

– Haverás de roubar de mim o único tesouro? Sim, com certeza para causar-te sofrimentos nefastos, amada Olímpia – dizia, crispando as mãos. – Ninguém te fará mal, eu prometo. Nada farás contra tua vontade.

Anfilóquio, uns vinte anos a mais que Olímpia, tinha para com ela todos os carinhos de um pai. Nasceu em Cesareia da Capadócia. Ele e Teodósia eram filhos de Anfíloco e de Lívia. Estudou em Antioquia, na famosa escola de Libânio. Depois exerceu a profissão de reitor e a advocacia em Constantinopla.

Mas logo se desgostou do mundo, também porque sofrera reveses financeiros, e assim se retirou junto ao pai, já então velho e necessitado de ajuda, em Ozizala, na Capadócia, lugar encantador, mas muito pobre, de forma que Gregório Nazianzo, seu primo, enviava-lhe o grão para o pão em troca de poucas hortaliças.

Ao encontrar Olímpia, aproximou-se dela e disse:

– Há anos venho te observando, filha, nas tuas ações caridosas, nas tuas expressões de repúdio ante a miséria física e moral. Todos sabemos de tua humildade, de tua grande generosidade, de teu serviço prestado a Deus junto aos servos, aos pobres, aos estrangeiros, aos inimigos, a todos os homens. Sabemos dos teus empréstimos aos necessitados, da doação de esmolas, do alívio levado aos enfermos, do fomento das missões, da prestação de serviços pessoais sem ostentação, com simplicidade, voluntária e abundantemente. Também assim agiu o Cristo, dizendo que não fizessem alarmes pelos benefícios que Ele fazia. Quisera eu ter novamente o mesmo vigor da juventude para, como os jovens de hoje, rebelar-me diante das injustiças.

Olímpia secou os olhos e, tentando sorrir, disse:

– Vê o Sol, seu brilho, sua força incomensurável, seu poder de vida e morte. Pois Nosso Senhor Jesus já estava nos mais altos degraus dos Céus antes mesmo que o Sol existisse. O que meus olhos podem ver de maior brilho que o Sol? Apenas o amor dele por todos nós. Quero beber da fonte viva desse amor, que aquece o coração de quem o sente no mais íntimo e... – fez uma pausa – não quero ferir ou desencantar Nebrídio. – E continuou, emocionada:

– Não tive a intenção de ofendê-los, saindo da mesa daquela forma. Mas como posso suportar tantas injustiças contra inocentes, se o povo que se diz nobre, que poderia fazer algo, anula-se, temendo perder as riquezas que possui, enquanto os miseráveis morrem como ovelhas no matadouro?

– Hás de viver ainda muito, filha. Não faz muito tempo, fui escolhido pelo Senhor para exercer as ordens sagradas. Fui nomeado bispo de Icônio, uma pequena província, por um santo homem, Basílio, meu irmão de fé e grande amigo. Não me sentia preparado, mas, antes de falecer, em 76, ele me enviou um tratado sobre o Espírito Santo, que me ajudou a ter pulso firme e preparação teológica. Tal instrução é a mais eficaz resposta aos erros dos hereges, que sustentam que o Espírito Santo é de natureza inferior ao Pai e ao Filho.

– Sei – respondeu Olímpia. – E considero um absurdo tais pessoas morrerem como hereges por confundirem tais conceitos. Eu mesma confesso que algumas vezes faço confusão com certas palavras. Mesmo assim, meus sentimentos por Deus, pelo Espírito Santo, por Jesus e pela Virgem Santíssima independem de minhas palavras.

– Pois bem – continuou Anfilóquio – não enveredaremos por esse assunto. Gostaria muito que tivesses conhecido Basílio, o bispo de Cesareia, modelo de pastor em todas as virtudes, um baluarte da fé contra os contínuos e rudes ataques da heresia ariana. Empenhou-se com zelo nos graves problemas sociais, fundando uma verdadeira cidade filantrópica, com hospital, orfanato, abrigos, escolas, etc. Pela experiência e doutrina acumuladas nas diversas viagens, soube formular para a vida monástica normas sábias seguidas por muitos mosteiros no Oriente.

Ele falou e escreveu numerosos sermões, verdadeiros tratados morais sobre avareza, inveja, abuso de riquezas. Eis um trecho expressivo que traduz seus sentimentos neste instante:

O rico diz: Por acaso cometo injustiça contra alguém, guardando o que é meu ou fazendo dele o que quero? Mas dizei-me, o que é seu? Donde trouxe para a vida o que recebeu? Por acaso não saiu nu do ventre de sua mãe? E não o receberá sem nada a terra, depois da morte? Donde lhe veio a quantidade de bens que goza? Se cada um se contentasse com tomar o indispensável para atender às suas necessidades e deixasse para os pobres o supérfluo, não haveria nem pobres nem ricos, e não existiria a questão social".

– Sim – interrompeu Olímpia, – meu tio recebeu uma cópia, que faço questão de repetir. Se me lembro bem, é mais ou menos assim: "O pão que você segura é o pão do faminto; o vestido que guarda em sua casa é de quem está nu; a prata que guarda nos cofres é de quem passa necessidade. Não sabe que será tanto maior o seu pecado, quando maior for o número de bens acumulados?"

– Oh! Filha tu és mesmo bem-aventurada – emocionou-se Anfilóquio. Estás lembrada de quando comentei contigo que faltavam recursos a Basílio para terminar de construir o albergue para os desvalidos? Pois bem, ainda menina tu insististe para que Teodósia autorizasse o envio de grande soma de dracmas para finalizar a obra. Basílio ficou tão grato que dedicou a ti o tratado sobre o Espírito Santo. Além do mais, conhecem todos os teus feitos secretos em favor dos necessitados e famintos e da grande quantia de dinheiro que envias aos padres para distribuir como quiserem aos seus pobres.

Olímpia assustou-se admirada e, não compreendendo, perguntou:

– Como pode ser? Poucos sabem o pouco que fiz. Tenho o

cuidado de não deixar que saibam de minhas ações.

– Minha doce Olímpia, assim também Jesus agia quando curava: pedia que não o dissessem a ninguém. Mas como querias que calassem os que foram beneficiados por ti? Quem, estando em terrível necessidade, sendo ajudado pode esquecer? Além do mais, és tão jovem, que despertas a atenção por tua caridade, enquanto outros da mesma idade que tu não pensam em outra coisa senão em divertimentos e prazeres.

Olímpia recebeu das mãos de Anfilóquio os manuscritos e prometeu:

– Não apenas os lerei, mas continuarei pagando copistas para que todos os escritos sagrados dos padres cheguem até as mãos mais distantes.

– Não imaginas quão importante é esta ação, filha. És ainda tão jovem e tão comprometida com o auxílio ao próximo! Que Deus continue te iluminando.

– Na verdade, padre, o que faço é muito pouco. Meu dinheiro faz mais que eu. Além do mais, não trabalhei para tê-lo; por isso não o considero meu.

– Se todos os ricos assim pensassem, não teríamos miséria – disse Anfilóquio, levantando-se, repentinamente, como a se lembrar de um compromisso. – Agora preciso ir. Na próxima semana se realizará o Concílio de Icônio em que o clero se reunirá, a fim de diminuir as ações dos macedonianos.

– Meu tio – disse Olímpia com olhos caridosos, – procura ser justo. Sei que tu és, mas lembra-te das palavras do Cristo. Nossos irmãos macedonianos e arianos não sabem o que fazem e não estão errados em todos os pontos.

– Concordo contigo, mas há detalhes que desconheces. Agora retomemos à sala – falou Anfilóquio. – Não é justo deixares teu futuro noivo esperar tanto tempo.

Olímpia soltou um suspiro, deixando clara sua impaciência com tal referência, mas resignou-se e acompanhou o tio.

Ao entrar na sala, Teodósia a recebeu, dizendo-lhe ao ouvido:

– Vem, minha querida; teu noivo te espera.

Ela fez uma expressão sofrida, daquelas em que se franze

a testa e elevam-se os lábios, como quem acabou de se ver obrigado a degustar um limão.

– Adivinho, minha querida. Não precisas me dizer a razão de todo o teu descontentamento. Se não quiseres, não precisas assumir o matrimônio com Nebrídio. Mas estarás mais segura, e com certeza poderei descansar em paz, quando me for.

– Ah! Minha segunda mãe, somente há verdadeira segurança para quem está com o Senhor. O resto são ilusões dos sentidos. Mas para não contrariar, irei vê-lo.

Quando Olímpia se aproximava de Nebrídio, que estava sentado duramente como quem força uma posição ereta, este não viu que ela estava próxima e continuou a conversar com Gregório, fazendo uma infeliz pergunta:

– É mesmo verdade o que dizem os sábios, que as mulheres não têm alma?

– Isso não passa de uma brincadeira de mau gosto disse Gregório, vendo-as chegar. – As mulheres podem ser mais frágeis fisicamente que os homens, mas não apenas são mais agradáveis como são moralmente superiores a eles.

Gregório, que sempre via nas mulheres seres frágeis, levados pelas ideias de vaidade, começava a admirar as jovens da cidade, inclusive Olímpia, por seus atos secretos de caridade desinteressada.

Olímpia já expressava no rosto um asco de repugnância, mas controlou-se e disse a Gregório:

– Realmente, com todo respeito, é uma pena que o apóstolo Paulo tenha descrito as mulheres de uma forma tão lamentável. Deus escolheu as mulheres para dar continuidade à sua criação, e ouso dizer que, se as mulheres reinassem no mundo, não haveria tantas batalhas, pois não quereriam elas que seus filhos morressem por causa de domínio territorial. Quanto à alma, sabemos que é o sopro divino que faz com que todos os seres se movam, pensem e nele creiam. Sem a alma não há vida. A morte é a partida da alma, ficando apenas o corpo inerte, útil somente aos vermes da terra. Então te pergunto, meu futuro marido: por que queres te casar com um ser sem alma?

Todos riram e apoiaram Olímpia. Nebrídio nada respondeu e, de falante e ousado, tornou-se mais humilde, sendo prudente no que falava.

Naquela tarde, Anfilóquio se despediu, pois deveria partir para Icônio, a fim de presidir, no dia seguinte, ao Concílio.

Como bispo daquela cidade, havia travado muitas lutas contra os arianos. Havia uma antiga briga, pois no Concílio ecumênico de Niceia o imperador cristão estabeleceu que a reencarnação era um fato inegável frente aos argumentos imbatíveis dos judeus convertidos ao Cristianismo, que se utilizaram das palavras de Jesus: "Na casa do Pai há muitas moradas" e "Antes que Abraão existisse, eu sou"[22]. Icônio era uma cidade populosa, localizada sobre uma fértil planície ao pé do monte Tauro. Os iconienses tinham o hábito de decorar a casa com imagens. As ruas também eram repletas de imagens de todas as formas. No entanto, à medida que o judaísmo foi se expandindo e o Cristianismo cativava as pessoas, os iconienses começaram a substituir as imagens por cruzes talhadas e gravuras de pombos e ramos de oliveiras.

Logo que o imperador Teodósio assumiu, Anfilóquio o convenceu a promulgar um edito que proibia as reuniões e a pregação dos arianos e no mesmo ano presidiu ao Concílio de Side, na Panfília, no qual foram condenados os messalianos, que viam na oração a essência da religião, negando qualquer estudo.

Teodósio não perdia tempo, influenciado pelo egípcio Teófilo de Alexandria. Dobrou, por isso, a linha da política religiosa: ao final do ano 380, promulgou um edito impondo a seus súditos a ortodoxia católica, definida com referência à Sé de Pedro, a seu titular Dâmaso e a seu aliado, o bispo de Alexandria que, como bom egípcio, era adepto da ressurreição encontrando sempre objeções diante dos judeus convertidos, que eram reencarnacionistas. Como sempre, a vontade imperial traz consigo uma mudança. E que mudança! O problema é que nem sempre mudança significa inovação.

---

[22] João 14:1-14 e 8:48-59.

O CONCÍLIO DE CONSTANTINOPLA

Devido às intrigas fomentadas pelos arianos e às discórdias entre reencarnacionistas e ressurreicionistas, bem como às distinções entre Pai, Filho e Espírito Santo, Gregório sugeriu ao imperador que se fizesse um Concílio do qual participassem todos os bispos. Teodósio concluiu ser providencial.

No dia vinte de maio de 381, realizava-se, na grande sala do palácio imperial, o primeiro Concílio de Constantinopla. Ao centro, o imperador e seus auxiliares. Do lado direito, o bispo Gregório Nazianzo; ao seu lado Gregório de Nissa; depois Deodoro de Tarso e Teodoro de Mopsuéstia. Do outro lado, Teófilo de Alexandria, Epifânio e Demófilo. Na plenária, outros integrantes do clero, todos do Oriente, nenhum do Ocidente. Isso traria futuras dissensões devido a desentendimentos.

O imperador iniciou as atividades do Concílio solenemente, dizendo:

– Ilustres irmãos. É da soberana vontade de Nosso Senhor Jesus Cristo que sejamos unidos quanto a pontos de vista. Quando nos revelou que separássemos o joio do trigo, quis deixar claro que as sementes das contendas diversas nos levariam à derrota. Por isso, damos início ao primeiro Concílio de Constantinopla, para resolvermos de uma vez por todas certas questões, as quais vos serão apresentadas pelo honrado bispo Gregório de Nazianzo, a quem devemos a ideia deste encontro.

Gregório, que havia permanecido um pouco atrás adiantou-se e falou reverente:

– Senhores, que a paz de Jesus esteja convosco. É com muita honra e humildade que aqui estamos para esta solene reunião. Muitos assuntos precisam ser revistos. Não que sejamos capazes de mudar o rumo da história, nem mesmo de acrescentar uma letra a qualquer colocação divina nas Sagradas Escrituras. No entanto, é preciso que definamos alguns pontos de suma importância para que os fiéis não se sintam vítimas de conceitos outros, que vão surgindo, conforme a interpretação individual de cada um. Os assuntos que analisaremos serão sobre a divindade do Espírito Santo; é preciso também estabelecer um consenso sobre a Trindade e sobre a reencarnação. Atanásio enfatizou a interpretação do Homoousian, ou seja, a mesma substância acerca da relação entre o Pai e o Filho no Concílio de Nicéia, em 325, mas não deixou uma solução viável sobre quem é gerado. Precisamos, então, resolver tal problema neste concílio que se faz hoje.

Oriento que será dada oportunidade a todos para que falem. No entanto, cada um deverá respeitar o tempo devido.

Aconselho que, em momento algum, ocorra o desconforto de falar mais de um ao mesmo tempo, o que tornaria nossa reunião improdutiva. Por isso, conto com a santa colaboração de todos. Com a palavra, o bispo Gregório de Nissa.

– Muito obrigado a todos. Que Jesus possa nos abençoar, hoje e sempre. Inicialmente, quero agradecer-vos pelo convite. Sinto-me honrado e é com muita humildade que pretendo deixar bem claro minha posição quanto às ideias de Orígenes, que são as mesmas minhas. É inegável que a alma humana é da mesma essência que a dos espíritos angelicais, embora esteja em um nível ainda inferior, e que faz parte da vontade de Deus que todas as almas alcancem a redenção universal absoluta.

Quanto à divindade do Espírito Santo, é de consenso que

Cristo, juntamente com o Espírito Santo, é o mediador entre Deus e os homens. Nisso se resume a Santíssima Trindade...

Neste momento ouviram-se muitos sussurros por parte dos ouvintes, o que fez com que Gregório Nazianzo advertisse:

– Senhores, rogo-vos, mais uma vez, que sejamos comportados diante das colocações de nossos irmãos. Aguardai vossa vez.

Então Gregório de Nissa continuou:

– Meus queridos, não podeis olvidar que o mundo material é uma escola. Deus criou lugares de provas que acompanham a redenção do espírito, e os mundos espirituais continuam a testar e a redimir. A alma, uma vez transferida deste mundo físico para os mundos espirituais, se não estiver remida e não tiver chegado ao Céu, continuará em sua busca nos mundos espirituais. Não tendo evoluído o bastante, já que o "pecado" prossegue com a alma nos mundos espirituais, retorna à carne, ou seja, reencarna no mundo físico, onde terão continuidade os testes e aprendizados. Deus não tem pressa, mas, se percebe que determinado grupo está demorando a evoluir, usa grandes recursos. Deus nunca desiste, o Logos é o remédio para a salvação de todos.

O homem foi criado como ser livre, mas caiu, por haver usado erroneamente a sua liberdade. Por isso, para que alcance a condição de espírito santificado, deve passar por várias etapas de purificação, e estas etapas nada mais são que a reencarnação.

– E como não me lembro de nada disso? – interrompeu Epifânio, bispo de Constância, com ironia.

– Ora! – explicou o Bispo de Nissa. – Haveria o homem de levar sobre seus ombros para a eternidade todo o conhecimento? Não suportaria! Imaginemos vivendo juntos para resgates mãe e filho que antes foram assassino e vítima, ou vice-versa! Seria insuportável! Por isso o homem volta como se estivesse nascendo pela primeira vez. Não subestimemos a sabedoria de Deus todo-poderoso. É isso o que tenho a vos dizer. Que Jesus nos abençoe por estarmos aqui. Muito obrigado.

Nesse momento, Epifânio pediu a palavra. Ele tinha o hábito de se voltar severamente para quem fosse a favor de Orígenes. Para isso utilizava uma linguagem agressiva. Este era o seu forte: enfiar garganta abaixo seus argumentos. Assim, começou a falar:

– Meus irmãos, se é que assim posso referir-me a alguns. Sobre a Trindade e a identidade essencial do Pai, do Filho e do Espírito Santo, nós, débeis e rudes, sem usarmos de cavilações e não para simplesmente nos opormos a argumentos humanos, mas com testemunhos extraídos da Escritura e acessíveis a todos, já dissertamos, ao menos parcialmente, de maneira inteligível e apta aos fiéis, para refutar os infiéis e levianos. O que foi feito, foi por ele produzido, sendo ele incriado e eterno, como também o Pai e o Espírito Santo, que existiram desde toda a eternidade. Se houve algum tempo antecedente ao Filho, poder-se-ia perguntar por quem tal tempo, superior ao Filho, foi produzido. E assim, uma enorme estupidez desviaria nossas mentes para absurdos pareceres humanos, ou antes, levá-las-ia ao adultério das impuras cogitações...

Sua voz tornava-se cada vez mais audaciosa. Quase gritando, continuava:

– Toda heresia, pelo contrário, tendo deixado uma vez o caminho real, desviando-se para a direita ou para esquerda, abandonada a si mesma por algum tempo, cada vez mais se afunda em erros. Em todas elas notamos que a arrogância do erro perdeu toda medida. Por esta razão, senhores, acredito ser importante que a sede episcopal de Constantinopla seja superior a todos os patriarcas do Oriente, evitando-se assim problemas de controle quanto às novas resoluções. E tenho dito!

Terminou espalmando as duas mãos na mesa e fixando o olhar severo na plateia intimidada.

Teodoro de Mopsuéstia comentou em voz baixa com Deodoro de Tarso:

– Quem ele pensa que assusta com seus terrores infantis?

– Não devemos dar importância às palavras daqueles que as impõem através de gritos – respondeu Deodoro.

Gregório retomou a palavra. Os outros ouviam com entusiasmo. Parte concordava com Gregório de Nissa, parte com Epifânio.

– Irmãos queridos! – falou Gregório com voz suave e firme – os saduceus negaram não só a existência do Espírito Santo como também a dos espíritos de diferentes ordens. E por incrível que pareça, negaram a existência da reencarnação, apesar de todos os testemunhos a respeito no Antigo Testamento. Já entre os pagãos, aqueles que mais se distinguiram em questões teológicas e mais se aproximaram de nós, de certa forma pensaram o Espírito através de alguma imagem – diria eu – mesmo que o tenham exprimido com outro nome, chamando-o, por exemplo, de a Mente Universal, a Inteligência Exterior. Afinal, o que discutimos hoje é se ele é gerado ou não gerado. Se for gerado, é de Deus, se não for, é Deus! Se gerado por Deus é filho como o Filho, então é da mesma essência do Filho. Se foi gerado pelo Filho, então será um Deus neto! Haverá algo de mais absurdo? Para nós, só há um Deus. Agora, se os gregos admitem tantas divindades quantas humanidades, não haveremos nós de deixar que os olhos dos pagãos untem e besuntem nossas palavras sagradas. A luz chegará aos poucos e o Salvador bem sabia disso. Por essa razão já advertiu que enviaria um Espírito de Verdade, que dissiparia todas as trevas da ignorância. Se discutirmos de que natureza é, terminaremos por nos matarmos e não veremos a luz pela qual a ordem de Deus se fez revelar a nós. Se alguém vier a morrer como herege, por não compreender tais sandices, com certeza terá reservado um lugar ao lado de Deus, pois que valor terá compreender a loucura? Muito obrigado.

Aplausos e comentários paralelos.

Chegou a vez de Teodoro de Mopsuéstia falar:

– Irmãos, devemos ter harmonia no pensar e no agir e ser mais objetivos. Penso como meu mestre Deodoro e me mostro como ele, quer dizer, preocupo-me antes de tudo em opor-me à cristologia truncada dos arianos e apolinaristas. Por isso, senhores, insisto em sublinhar a distinção das duas naturezas, a divina e a humana, do Verbo encarnado. A dificuldade que nasce daí é de se saber como estes dois componentes – o outro e mais o outro – podem apenas fazer um e mesmo alguém. Quanto a isso, preocupo-me mais que meu mestre. E me recuso energicamente a falar de dois Senhores ou de dois Filhos. O termo ao qual recorro de preferência para formular minha resposta é o da conjunção sublime, inefável e eternamente indissolúvel. É tal qual a reunião de duas coisas diferentes, como a do homem com a mulher, que no casamento não formam senão uma única carne, e a unidade que daí resulta é o filho e não exatamente outro pai.

Teodoro esforçava-se por ser mais claro e continuava, apoiado pelos companheiros de igual pensamento:

– Tento salvaguardar o que chamo de comunicação dos idiomas, atribuindo ao homem os títulos do Filho de Deus. Ou pensam os senhores que o Verbo divino tem as fraquezas do homem? O que pretendo assegurar é a plena humanidade de Cristo.

Quanto ao Espírito Santo, é com certeza o senhor e vivificador, que procede do Pai; juntamente com o Pai e o Filho é adorado e glorificado e falou através dos profetas. Compreendei, nobres irmãos: devemos meditar menos sobre os mistérios de Deus e preocupar-nos mais com nosso destino esplêndido, aquele que nos espera, se formos como Cristo foi, enquanto esteve conosco.

A diferença de linguagem, quer seja habitação, conjunção ou mesmo encarnação do Verbo, de nada nos adiantará, se não praticarmos a verdade como ela realmente é. É isso que tinha a dizer. Sou eternamente grato pela oportunidade.

Aplausos de uns, carrancas de outros.

Teófilo de Alexandria esperou a sua vez de falar, silencioso até aquele momento. Quem o visse, pensaria que era um grande sábio. Aparentemente introvertido, denotava em sua postura um ar de domínio e uma atitude de superioridade, combinada a uma energia oculta e palpitante.

Teófilo tinha o hábito de se mover, enquanto falava calmamente e com deliberação. Durante as reuniões do grupo, dominava com suas atitudes e afirmações dramáticas as atenções, causando um estranho efeito sob os companheiros que o ouviam, impertigando-se. Assim, ele parecia ditar regras com supremacia lógica e habilidade, o que o capacitava a traçar uma linha de pensamento educacional e político, extremamente envolvente. Suas excelentes habilidades eram paradoxalmente mescladas a uma terrível e transparente vulnerabilidade, ficando profundamente ferido quando alguém discordava de seus pontos de vista. Parecia que, para dominá-lo, bastava lisonjeá-lo, e esta vaidade constituía seu "calcanhar de Aquiles". Não tinha o hábito de desperdiçar o seu tempo; procurava com sua notável energia organizar e distribuir tarefas aos outros que não faziam parte do grupo. Muitas vezes expressava aberta e generosamente sua aprovação a algum companheiro, fazendo-lhe elogios extravagantes que chegavam a embaraçar, assim como não tinha o menor constrangimento para demonstrar seu desagrado. E tudo isso chegava a impressionar aqueles que não o conheciam na intimidade.

Teófilo era meticulosamente limpo, ordeiro e determinado, sendo difícil desviá-lo do caminho preestabelecido, embora pudesse fazer com que os outros mudassem de opinião com uma oratória bem convincente. Era de compleição física robusta, porém de média estatura, de cabelos escuros, ondulados e pele de cor avermelhada. Destacava-se pela maneira elegante de se vestir. Os cabelos estavam sempre bem penteados para trás e as sandálias limpíssimas. Mesmo um simples cordão colocado à cintura era amarrado com tom refinado e elegância, o verniz necessário àqueles que precisam esconder seu caráter bruto e orgulhoso. Lentamente, seu discurso envolveu a todos. Terminou com um soco na mesa, assustando a uns anciãos que cochilavam e causando desagrado a outros mais atentos, mas desnudando seu caráter e mostrando quem era realmente: um bárbaro. No entanto, a maioria aplaudiu.

Gregório Nazianzo ainda tenta mais uma vez, tomando a palavra:

– Senhores, devemos ter bom senso. O povo zomba de ideias infundadas. Tenhamos responsabilidade. O cambista, perguntado pelo curso da moeda, responde com uma dissertação sobre gerado e não gerado. Entra-se na padaria e ouve-se o padeiro perguntar: o Pai não é maior que o Filho? Nas termas, se perguntais se o banho está pronto, os servos comentam que o Filho saiu do nada![23] Ora, devo lembrar-vos, já que sois tão orgulhosos e cheios de silogismos, que não foi dado a todo mundo discutir sobre Deus, mas apenas aos que se capacitaram pelos progressos no caminho da perfeição.

Epifânio interrompeu, ironicamente:

– Então não deves tu também falar sobre Deus! Ou te consideras melhor que todos nós aqui presentes? Talvez devamos nos ajoelhar a teus pés.

Alguns que ali estavam ao lado começaram a rir discretamente.

Teófilo, olhando para o imperador, como era seu hábito quando queria influenciá-lo, falou firmemente:

– Vossa Majestade deve saber que o povo continuará com rumores se não for estabelecido um consenso. Devo advertir que se deixarmos alguma brecha, o paganismo reinará novamente e com força incontrolável. Asseguro-vos que se simplificarmos a questão, seremos mais felizes. É evidente que o homem quererá agir corretamente se tiver a certeza da conquista da felicidade eterna no Céu; do contrário terá o Inferno. Se mantivemos as ideias de segundas e terceiras chances, que confusão virará o mundo? Ficaremos sem o controle, haverá uma preguiça espiritual coletiva e todas as ovelhas que o Pai

---

[23] Coleção "Homilias" de Gregório de Nazianzo.

nos confiou se perderão. Nossa Igreja deve ser única e santa e devemos crer somente na ressurreição dos mortos. Temos pressa! Quebrou-se o silêncio, e o ambiente começou a ficar insuportável.

Uns comentavam com os outros em alta voz. Ali se misturavam homens de fé, homens de doutrina, de caridade, de política e homens de guerra religiosa.

Gregório Nazianzo, Gregório de Nissa e Teófilo eram homens de fé e de caridade. No calor das discussões, venceram os homens de política e de guerra religiosa.

A agressividade calou a santidade. Ninguém conseguia ouvir mais nada.

Então, o imperador encerrou o concílio e ordenou em alta voz:

– Senhores! Silêncio! De acordo com o que foi aqui determinado, fica estabelecido que o Espírito Santo, o Senhor e Doador da Vida, procedendo do Pai e, juntamente com o Pai e o Filho, deve ser adorado e glorificado; e foi Ele quem falou através dos profetas. Com relação às expressões referentes à reencarnação, devem ser extirpadas dos textos sagrados e substituídas por "geração", "descida" ou "ressurreição", conforme o caso...

Nesse momento fez-se um silêncio tumular. Mas ele o cortou com a voz mais alta e numa postura mais imponente, querendo inibir qualquer manifestação contrária:

– Que todos os escritos que se referirem a teorias reencarnacionistas sejam destruídos. E que nenhuma palavra a respeito de tais modificações seja escrita para evitar futuras e nefastas indagações.

Outra recomendação: que os padres e bispos evitem o casamento para não terem problemas semelhantes aos que ocorreram com Gregório, o Bispo de Nissa. Algo mais importante que isso tudo, senhores: a partir de hoje, a Religião Católica e Apostólica será a religião oficial do Império Romano, tanto do Oriente quanto do Ocidente. Enviarei por escrito o credo e as resoluções deste Concílio ao Papa Dâmaso. Em nome de Deus, Pai Todo-Poderoso, Criador do Céu e da Terra, e Jesus Cristo Nosso Senhor e Salvador, com as bênçãos da Virgem Santíssima, Mãe de Deus. Está terminado. Amém.

Epifânio sorriu em silêncio e apertou a mão de Teófilo, como forma de comemorar a vitória.

Terminado o concílio, com exceção de Epifânio e seu grupo, todos foram para casa sentindo-se meio derrotados.

Gregório acrescentou, rompendo o silêncio:

– Pensei que o termo católico, utilizado por tantos para designar o Cristianismo fosse a doutrina universal, geral, mas agora percebo que os católicos tomam outro rumo. De universal passam a individual, de geral passam a restritos. Temo que um dia, devido a essas intrigas, o Cristianismo seja dividido em mil facções. Não compactuarei com isso e imagino que o Cristo deve estar sofrendo nesse instante por ver suas ovelhas se perdendo por causa de palavras mortas. Amanhã mesmo falarei com o imperador.

No dia seguinte, realmente, Gregório apresentou-se ao imperador e comunicou sua demissão irrevogável. Despediu-se do povo e voltou para Arianzo.

Teodoro havia saído entre contrariado e feliz. Ao encontrar seu discípulo Nestório, um jovem que poderíamos chamar de rebelde, comentou sobre os acontecimentos. Ao final, ouviu de seu aluno:

– Maria, mãe de Deus? Como pode ser esse absurdo? Não acredito nisso! Ela é mãe de Jesus, o homem, e não a mãe de Deus. Agora terei de rezar diante da mãe com um bebê de colo como se fosse Deus e a mãe de Deus?

Teodoro advertiu-o:

– Nem tudo o que pensamos devemos falar. Cuidado, já te avisei para tomar cuidado com as palavras. Teu gênio é muito agressivo. Além do mais, sendo ou não a mãe de Deus, merece nosso respeito e veneração.

– Isso é nada, mestre! Pelo que entendi, o Espírito Santo

procede do Pai e do Filho. Quer dizer que Jesus também criou o Espírito Santo? O Pai é Deus, o Filho é Deus, o Espírito Santo é Deus e, no entanto, seremos mortos como hereges se dissermos que temos três deuses?

– Peço-te calma. Deves amar a Unidade na Trindade e a Trindade na Unidade. Assim deve proceder quem quiser salvar-se[24]. És ainda muito jovem, mas um dia compreenderás.

– Pois bem, não sei se poderei me conformar por muito tempo.

Epifânio de Salamita, cujo pai fora pagão e perseguia cristãos, tinha mente pérfida, era hipócrita e arguto e mudava de ariano a ortodoxo sempre que lhe conviesse. O imperador confiou a ele a missão de eliminar qualquer sinal de heresia. A simples referência às colocações de Orígenes ou a aceitação da ideia reencarnacionista já eram provas suficientes. No entanto, não era tão fácil flagrar um herege. Por isso, os perseguidores procuraram uma forma de encarcerar algum, utilizando a mais primitiva maneira: o disfarce, a camuflagem sutil.

Planejando obter melhor êxito, Epifânio dizia a Teófilo de Alexandria.

– Quem sabe hoje descobriremos um herege rico que esteja incomodado pelo seu tesouro, visto que seus negócios o perturbam na hora de impor suas ideias desordenadas a respeito da Virgem ou do Menino Jesus?

– O que mais tem rendido ultimamente? – inquiriu o outro, esfregando as mãos em sinal de cobiça.

– A questão sobre a Trindade já rendeu aos cofres imperiais muitas dracmas e denários. E a mim também, é claro, pois fico com um "pouquinho" para assalariar meu trabalho. E há uma pendência junto ao imperador.

---

[24] JUNG, Carl G. Psicologia da religião ocidental e oriental. 3 ed. Petrópolis: Vozes, 1988.

– Qual?

– A destruição da biblioteca de Alexandria. Lá existem tantas heresias quantos fios de cabelos em tua cabeça.

– Não consideras que isso é um exagero? Lá existem obras preciosas, milhares de coleções insubstituíveis, como a biografia de Aristóteles e suas sábias recomendações a Alexandre, o Grande; a coleção completa de Platão a respeito de Sócrates e seus ensinamentos; além dos manuscritos de Cleópatra e todos os pensamentos dos grandes faraós. São obras que homem algum poderá escrever. Podes imaginar a perda que isso significa para as futuras gerações?

– Imagino! Até posso ver o fogo subir pelas imensas paredes, milhares de rolos de todas as partes do mundo, palavras inúteis de filósofos que confundem a mente do povo. Duvidas que o próprio povo será capaz de atear fogo a tal lugar?

– Realmente, não duvido. Mas dizem haver ali mais de quinhentas mil obras de todos os tempos. Não me sinto bem em pensar que tudo terá fim.

– Bobagem, não se pode deixar que o mal cresça.

– Esqueces que necessitamos da ordem do imperador. E ele tem muito em que pensar.

– Já a tenho. Basta um bom general para executá-la. E abrindo uma caixinha de couro, mostrou o rolo com a ordem de Teodósio, delineando um sorriso maligno e os olhos flamejantes.

Naquela noite, um grupo de duzentos soldados se posicionou estrategicamente paralelos à gigantesca biblioteca de Alexandria, que provavelmente continha mais de setecentos mil escritos tanto em papiros quanto em pergaminhos, dos mais antigos aos mais atuais. Os soldados derramaram óleo ao redor, dentro e fora do edifício.

Uma chama criminosa foi acesa, um crime bárbaro foi executado.

Logo espalhada, causou espanto à população, que despertou de seu sono para ficar a par dos acontecimentos. Os soldados impediram que qualquer um se aproximasse. Em menos de meia hora, tudo havia-se transformado em cinzas, restando apenas as paredes e mesas de pedra.

Extinguiu-se para sempre o legado de muitos sábios. Junto com as cinzas estavam findas as obras gregas que tornavam comuns as ideias de Pitágoras, Platão, Sócrates, Aristóteles e milhares de outros.

.*.*.*.

A Pitonisa, que estava muito doente, segundo instruções por ela mesma ditadas, mudou-se com seu filho para um velho casebre no topo de uma colina próxima a Constantinopla. Ali – como afirmou – terminaria seus dias.

Naquele início de noite, Sibila aproveitava a calma para mais uma vez instruir seu filho, que se tornara um belo rapaz:

– Filho, é desejo dos deuses dedicares tua vida a serviço do rei dos deuses e dos homens. Para que assim aconteça, deves viver sem profanações e sem mácula. Deves instruir os povos de todas as nações que te procurarem. No entanto, ensinarás somente o que puderem saber. Confiarei à tua guarda os rolos do grande Oráculo, e deverás ter todo o cuidado e fidelidade. Contudo, não é da vontade dos deuses que estejas sempre amedrontado por tamanha responsabilidade, nem que esperes grandes recompensas.

Após uma breve pausa, a mulher prosseguiu:

– Não deverás demonstrar predileção por ninguém que te consultar, e deixarás que te ofereçam o que de bom grado lhe sacrificarem. Mas permite que cada um dê conforme possa e não aceites das mãos de ninguém algo que saibas ser roubado, senão a ira dos deuses se abaterá sobre ti. Não acrescentarás nem uma palavra às respostas que obtiveres. Cuidado, não transgridas nenhuma destas instruções.

– Que devo fazer quanto aos curiosos?

– Quanto aos curiosos que te buscarão apenas para testarte, que saibas incutir-lhes tal medo, que jamais se atreverão a passar perto de ti. Não permitas também que mãos despreparadas toquem os rolos e não faças consultas fora da lua cheia, nem à luz do sol; do contrário, consequências recairão sobre tua cabeça. Não te exponhas diante de pessoas maliciosas, nem te demores em casa alheia. Permitindo que assim o façam em tua casa, perderás tuas sagradas intuições.

– Sim, minha mãe, agradeço-te por tão sábios conselhos. Agora descansa.

Após a mãe dormir, Alexandre saiu para admirar a noite e percebeu que algumas nuvens começavam a se formar, escurecendo o céu. Ao se afastarem as nuvens, pôde ver que uma lua majestosa surgiu no alto do firmamento. Lembrou-se das instruções de sua mãe e em silêncio adentrou a casa e, abrindo o baú, recolheu nos braços os rolos do Oráculo, levando-os para fora. Repetiu os rituais e perguntou:

– Oh! Deuses do oculto, dignai-vos responder-me com fidelidade. Que dizeis de meu único irmão?

A resposta foi: "Aquele a quem procuras virá ao teu encontro e com ele a prosperidade".

Alexandre adentrou novamente o casebre e, com relativa facilidade, começou a escrever algumas anotações sobre o que vira e ouvira no Palácio e na Basílica, bem como sobre o que sabia através dos comentários do povo. Iluminado pela fraca luz da lamparina a óleo, estava sempre acompanhado por Kassandra, a serpente, por Escuridão, o gato, e pelo corvo, que ficavam observando-o em silêncio, até dormirem.

A VULGATA

Naquele ano, um outro asceta viajava para o Oriente. Jerônimo ouviu falar de João e foi visitá-lo ao passar por Antioquia. Sendo também um grande asceta, Jerônimo havia sido educado em Roma, tornando-se um sacerdote bastante erudito e influente entre os nobres da corte.

João ficou sabendo que Jerônimo pretendia iniciar os ocidentais na arte monástica.

– Ele fala nossa língua? – perguntou João ao diácono.
– Pois não falarei latim, que é um dialeto escandaloso.
– Sim, além do grego, ele também fala hebraico – disse o mensageiro, contendo o riso.
– Então, que o faça entrar.

Jerônimo era alto, corpulento e de rosto belo. Ao entrar, cumprimentou João com um sorriso espontâneo:

– Salve, João, ouvi falar de ti em Roma. Dizem que quando tu falas, até o vento se curva.

– Quem te disse isso não conhece a mim nem aos ventos! No entanto, és bem-vindo, se evitares tais colocações elogiosas. Os elogios ajudam as crianças, mas levam o homem à tola vaidade e o fazem perder-se do caminho da salvação.

– Perdão. Não haverei de tomar-te muito tempo. Tenho ainda de passar em muitas cidades. Soube também que és um exegeta bastante estudioso... – E corrigindo a si mesmo, mudou o tom de voz: – Isto não é um elogio, é uma verdade.

Venho como servo, a fim de pedir-te uma opinião sincera a respeito de um singelo trabalho no qual me tenho empenhado nos últimos anos entre uma viagem e outra. Darias tua opinião?

– De que se trata?

Jerônimo retirou de uma caixa um amontoado de rolos contendo papiros e, expondo-os sobre a mesa, falou:

– Sabes que as traduções do Antigo Testamento são todas da Septuaginta. Isso dificulta a divulgação para todos os povos. O hebraico já não é uma língua tão comum e, com todo o respeito, a Septuaginta traz uma linguagem rebuscada, truncada e cheia de erros...

– Vieste até aqui – interrompeu João, pasmo – para ofender a palavra de Deus?

– Quem sou eu? Que a Virgem Nossa Senhora me castigue, se for esta minha intenção. Não me compreendas mal. Pensei que apenas eu tivesse o gênio ruim, mas vejo que tu também, mesmo sendo um monge, és incapaz de controlar a violência de tuas palavras. Olha bem e perceberás que traduzi os textos diretamente dos originais em uma língua comum do povo romano, o latim popular, comum... entendes?

– Não entendo – disse João.

– O Papa Dâmaso – continuou Jerônimo – solicitou-me uma organização mais sensata, a fim de padronizar as leituras durante as celebrações. Sabes que além dos textos siríacos, existem também os egípcios e até os latinos. Avisei que existem tantas versões quantos manuscritos. Mas Vossa Santidade, o Papa, deseja um texto padrão que tenha ordem também de linguagem.

E retirando de uma outra sacola outro amontoado, desta vez de pergaminhos, colocou-os da mesma forma sobre a mesa.

– Observa com atenção. Recolhi todos os manuscritos considerados sagrados e os traduzi diretamente do hebraico para o latim[25].

---

[25] R. N. Champlin, Ph. D. Enciclopédia de Bíblia, Teologia e Filosofia. São Paulo: Candeia, 1997.

Em silêncio, João leu algumas páginas.

– Sinto-me envergonhado! – disse João após observar melhor o grandioso trabalho. – Gostaria de lê-los com mais calma. Hum! Que maravilha! – exclamou, manuseando os manuscritos.

– Queria tua avaliação e se possível, que fizesses alguns comentários.

João sorriu e disse:

– Que minha casa seja tua casa. Com muita honra farei o que for possível. Nada para mim é mais importante que os textos sagrados. Não descansarei até que meu trabalho esteja pronto. Se precisar, passarei noites em claro para não me demorar.

– Oh! Não quero que morras ao terminar a tarefa! – interrompeu Jerônimo.

– Se isso acontecer – falou João com seriedade, – irei ao Pai na mais plena felicidade.

Durante dias João dedicou-se a ler, corrigir e avaliar. Ao final, entregou suas observações a Jerônimo, que ficara hospedado em sua casa.

– Há alguns detalhes, os quais estou habituado a ler das observações de Orígenes a respeito do Logos e do "nascer de novo", na passagem que trata da dúvida de Nicodemos. Excluíste de propósito a reencarnação?

– Muitos discordam de Orígenes e dos platonistas, principalmente o Papa Dâmaso. Querem uma igreja nova, diferente, por isso não acreditam ser de bom-senso falar sobre reencarnação nos textos sagrados.

João interpelou:

– E o que há de novo na ressurreição? Os egípcios a pronunciam faz mais de três mil anos! Por isso mumificavam seus corpos, para que, se a alma retornasse, encontrasse ali seu corpo. Se bem que sempre considerei isso um contrassenso. Eu não gostaria de voltar após a morte e reviver em um corpo em tal estado de mumificação.

– Na verdade, eu, por minha parte, também não concordo com a substituição de tais expressões. Mas não é minha opinião que prevalecerá. No Concílio de Constantinopla assim foi decidido. E esta é a vontade do imperador.

– Isso é muito sério. Colocaram no mesmo nível de compreensão a ressurreição de Lázaro e o retorno de Elias! Todos os bispos concordaram?

– Nem todos. No entanto, a maioria venceu.

– É sabido que não gosto de contendas. Para isso bastam os arianos, que polemizam tudo. De qualquer forma, estou grato por me haveres solicitado uma avaliação de tão nobre trabalho!

– Eu é que agradeço a oportunidade de conhecer-te.

Após dizer isso, Jerônimo olhou rapidamente alguns comentários e disse:

– Agora posso retomar a Roma. Acredito que a Vulgata ficará...

– Não chames assim os manuscritos sagrados – interrompeu João. – Trata-se de uma Bíblia.

– Uma o quê?!

– Bíblia, chame-a Bíblia. Vulgata soa mal. Não é nome digno do que realmente é.

Jerônimo concordou que faria tal indicação ao Papa.

Então, profundamente grato, seguiu viagem.

O MAGO

Certa tarde, Olímpia saiu, como sempre acompanhada por Cirilo, com o objetivo de auxiliar uma pequena família que estava acampada na praia. Para apressar o retorno para casa, havia montado o cavalo naquela posição que concernia às mulheres, sentadas com as pernas para um lado. No caminho, não percebeu que estava sendo seguida por Nebrídio. O noivo há muito tempo queria conhecer bem com que tipo de mulher haveria de se casar. Olímpia, por sua vez, ainda não se havia conformado com a união e comentava com Cirilo, não imaginando que o jovem eunuco tinha intenções ocultas:

— O que farias em meu lugar: casarias ou fugirias?

— Nem uma coisa nem outra. Entraria para um mosteiro.

— Mas não há mosteiros para mulheres! Além do mais, Teodósia não ficaria feliz em me ver fugindo de um bom casamento.

— Na verdade, considero um horror esta história de ver mulheres se casando com quem elas nem conhecem direito.

— Ora, não se conhece bem o coração de um homem, nem se convivendo com ele durante séculos. Talvez Nebrídio não seja tão arrogante quanto parece, como tu não és tão indiferente ao amor como pareces.

— Indiferente, eu? – irritou-se, mas logo lançou um olhar de desprezo. – Não sei do que falas. Desde que me conheço sou eunuco e não gosto quando fazes este tipo de comentário. Isso faz-me pensar que me vês como um... um...

– Um homem com desejos carnais como qualquer outro – interrompeu Olímpia, rindo soltamente.

– Estás enganada e bem sabes que isso não é assunto para uma mulher. Se a minha senhora Teodósia a vir falando assim, vai castigar-me.

– Está bem, mas não penses que não vejo como olhas para as servas nos banhos.

Cirilo adiantou o passo e emudeceu-se, roendo as unhas da mão. Olímpia riu novamente e tentou melhorar o diálogo:

– Realmente... Não cabe a uma mulher falar sobre tal assunto, muito menos decidir sobre sua vida matrimonial. Afinal, o casamento se realizaria de qualquer jeito! Mas ainda insisto que esta situação faz minhas costas doerem.

– Por que as costas e não a cabeça ou o coração?

– Porque sinto um peso enorme sobre os ombros. Parece que o carrego só de pensar que não terei mais a liberdade de ajudar meus pobrezinhos. Daí as dores.

– Ah! Entendi.

No caminho para a praia, o céu começou rapidamente a se cobrir de nuvens e, como era verão, logo desabou uma tempestade de relâmpagos e trovões. Olímpia resolveu proteger-se debaixo de uma árvore. Nebrídio não quis ser visto e escondeu-se em uma pequena gruta, não muito distante. Imaginava que atitude sem nexo aquela de eles se esconderem no pior lugar em dia de chuva, embaixo de uma árvore. Os relâmpagos começaram. Não tardou muito, um raio partiu ao meio uma árvore que estava próxima à de Olímpia.

O cavalo assustou-se com o estrondo e, levantando as patas dianteiras, jogou Olímpia ao chão e saiu em disparada. A moça ao cair, bateu a cabeça em uma rocha e ficou desacordada.

Cirilo correu para socorrê-la. Colocou a cabeça da jovem em seus braços e, rasgando um pedaço de sua túnica, começou a limpar-lhe o rosto, que se havia sujado de barro. Com o rosto molhado, os cabelos em desalinho, ainda assim ela estava especialmente bela.

Percebeu logo que havia sangue em sua mão. Começou a chamá-la, mas viu que estava profundamente desmaiada. Ao imaginar que pudesse perdê-la, disse comovido:

– Não morras, minha doce e bela senhorinha. Que será dos meus dias sem ver-te? Se morreres, morrerei contigo. Amo-te, eu sempre te amei. Mas, ai de mim, que estou fadado apenas a te amar de longe. Acorda para mim.

Assim dizendo, Cirilo aproximou-se do rosto de Olímpia, com a intenção de beijá-la. Desejava realizar seu sonho.

Sem demora, antes que Cirilo concretizasse o seu intento, Nebrídio, após ouvir o estrondo, saiu de seu esconderijo e correu até lá. Ao ver Olímpia ao chão, deu um grito:

– Tolos, não sabeis que não se deve esconder debaixo de árvores durante uma tempestade? E tu, sai já da minha frente!

Cirilo levou um susto, temendo ser desmascarado, o que seria sua ruína. Tomou outra vez a voz histérica, o hábito de roer unhas e disse:

– Minha senhora Teodósia vai me matar. Prometi que nada de mal aconteceria. Graças ao bom Deus, tu apareceste.

– Cala-te, imprestável! Não consegues cuidar nem de ti!

Nebrídio abaixou-se e carregou Olímpia nos braços até a gruta onde ele se havia abrigado. Mas o local também não era adequado. A água começou a subir e tendia a invadir a pequena caverna à beira-mar.

Ele chamou a jovem que ainda estava desacordada, fez-lhe massagem nas têmporas e nas mãos. Cobriu-a com sua capa.

Logo que ela despertou, quase voltou a desmaiar, desta vez devido ao susto de encontrar ali o seu noivo. Ele disfarçou a irritação e falou:

– Como te sentes?

– O que houve? Ai, como dói minha cabeça!

– Que tolice fazes neste lugar?

– Depois te explico. Obrigada, apareceste em boa hora. Como sabias que estávamos aqui?

– Saiamos daqui – interrompeu ele. – A água está

subindo. Vamos procurar outro lugar para nos proteger dessa chuva que, pelo visto, não pretende passar tão rápido. Podes caminhar?

– Sim – respondeu Olímpia.

Caminharam alguns metros e, montanha acima, eles encontraram uma caverna, cuja frente era coberta por uma palhoça entrelaçada de madeira. Cirilo tornara-se retraído, cabisbaixo, quase invisível.

Olímpia parou de repente e disse:

– Não podemos entrar aí. Prefiro ficar na chuva. Lembro-me da lenda que contaram sobre uma feiticeira que vive aqui. Dizem que atravessou a Grécia e por onde passou deixou maldições.

– Mais tolices que essa gente simplória inventa! – E bateu forte três vezes com o punho na porta.

Não demorou muito, um belo rapaz, de olhos brilhantes e penetrantes, abriu a porta sem nada dizer. Olímpia percebeu que no peito dele, desnudo pela desdobra da túnica, reluzia um medalhão em forma de sol, o qual ele cuidou de cobrir discretamente.

Lá de dentro uma voz trêmula falou:

– Quem está aí, Alexandre? Seja quem for, mande embora!

– Precisamos de abrigo – disse Nebrídio irritado por estar todo molhado. – Sereis bem recompensados pela hospedaria. Somente ficaremos até que o temporal passe. Por Deus, homem, deixa-nos entrar por bem, ou terás de o deixar por mal.

– São umas pessoas pedindo abrigo! – falou o rapaz, olhando ora para o fundo da caverna, ora para Olímpia, cuja beleza o envolvia.

– Não quero intrusos; mande-os embora... – E a velha foi interrompida por um acesso contínuo de tosse que não a deixou continuar.

Alexandre crescera, tornara-se um jovem cujo olhar firme e penetrante, encantador e hipnótico, deixaria qualquer um pouco à vontade.

Seus olhos mergulhavam profundamente como se estivessem penetrando na alma. Somente sua mãe conhecia aquela natureza controlada e autêntica, que contornava com diplomacia qualquer tipo de desentendimento.

Ele se conhecia tão bem, que nada do que pensassem a seu respeito o faria mudar. Os insultos passariam por suas costas, e os elogios não o fariam mover-se um milímetro sequer. E por isso não precisava de que ninguém lhe dissesse quais os seus vícios e suas virtudes. Na melhor das hipóteses, concordaria com alguma avaliação; na pior, suspeitaria dos motivos que a levaram a ser feita.

Tinha cabelos e olhos escuros e era portador de uma compleição muito robusta. Suas feições eram pesadas, fortemente talhadas, e o nariz saliente tinha o formato de um bico. Sua pele era quase translúcida, e suas sobrancelhas espessas e unidas pairavam sobre o nariz.

Havia uma vitalidade elétrica e crepitante em sua aparência. Por mais calmo que ele procurasse ser, sua força vital não podia ser totalmente escondida. Raramente permitia-se enrubescer ou corar, franzir o semblante ou rir. Os sorrisos eram raros, porém generosos.

O corpo obedecia às mesmas ordens que o rosto. Jamais ele se constrangeria ou se deixaria afetar pelo orgulho. E suas reações eram sempre mantidas a um nível mínimo, permitindo que ele sondasse incansavelmente sua natureza e seus motivos, conservando-se inescrutável.

Algumas vezes ele parecia ter uma disposição aberta e amigável, mas por dentro continuava firme e determinado. Contudo, possuía uma delicada compaixão pelos doentes e desesperados.

Alexandre era muito leal aos amigos. Ainda muito jovem já era profundo conhecedor dos mistérios da ciência médica. Se voltasse seus dons para o bem, poderia, através de forte inspiração, salvar tanto a mente quanto o corpo, diagnosticando e curando os enfermos com um estranho e inescrutável saber.

Talvez a profunda admiração pela civilização egípcia fosse a responsável pelos seus conhecimentos de medicina.

Conhecia muito bem suas limitações tanto quanto as daqueles com quem se comunicava.

Naquela noite, talvez cansado da solidão, pareceu disposto a colaborar. Deixou a porta aberta e foi socorrer a mãe, levando-lhe um copo cheio de um líquido escuro.

Olímpia tremia de frio e resolveu entrar junto com Nebrídio, que quase a arrastava.

Apenas uma lamparina iluminava fracamente o local.

Podia-se ver que havia de mobília apenas uns troncos de árvores como assento, belos potes de mantimentos e um fogareiro aceso. Ao fundo, uma velha mulher encolhida numa cama de palha esparramada no chão.

Cirilo, não podendo ver o gato de pêlo tão negro, quase o esmaga com o pé.

Olímpia sentou-se em um canto onde estava um dos troncos. Aos seus pés Cirilo ajeitou-se. Nebrídio mantinha os olhos fixos na serpente que se arrastava em sua direção.

O rapaz, vendo que seu animal de estimação causava incômodo, soltou uma gargalhada e disse recolhendo o réptil:

– Não vos aflijais. Kassandra não é peçonhenta.

– Bom para ela – disse Nebrídio com um olhar de desconfiança.

SINISTRAS PREVISÕES

Logo que a tosse da velha parou, ela começou a resmungar. O jovem disse com naturalidade:
– Não vos preocupeis com minha mãe. A lua cheia entrará amanhã na casa de Saturno pela sétima vez, e minha mãe não mais estará no plano dos vivos.

Nebrídio e Olímpia se entreolharam com espanto, ao ouvir tal expressão com tanta naturalidade. Assim que Alexandre deu as costas, Cirilo cutucou sua senhora e fez com a mão o sinal de feiticeiro.

Alexandre, que a tudo via com agilidade, falou a Cirilo, que abaixou a cabeça, mais uma vez, envergonhado:
– Os preconceituosos jamais conseguirão sondar uma alma, pois seus preconceitos são imensas muralhas entre a ilusão e a realidade.

Nebrídio interrompeu:
– Fazes previsões? Tu és um astrólogo, ou, talvez, um mago?

Olímpia puxou-o e advertiu-o murmurando:
– Estás louco! Não te metas com estas coisas. São do maligno.

Nebrídio não lhe deu ouvidos. Ambicioso que era, ele pensava que esta era a chance de saber sobre o seu futuro.
– Dize, feiticeiro, és capaz de prever o futuro das pessoas? Que vês a meu respeito?

Alexandre respondeu:

– Prever o futuro é fácil: ele é simples colheita do presente!

Nebrídio aproximou-se do rapaz e falou grosseiramente:

– Sabes que não quero este tipo de resposta. Se não tens competência, dize-o e não te importunarei. Mas se tens, dize, e te pagarei o que mereces.

O rapaz, aproximando-se mais de Nebrídio mudou o semblante e, tencionando assustá-lo, falou com voz sinistra:

– De teu futuro, nada! Absolutamente nada. Entretanto, queres uma poção para envenenar subitamente um inimigo? Temos muitas. Desejas uma erva que destrua alguém lentamente? Eis aos montes. Almejas riquezas e poder às custas do fracasso de outrem? Pois eu sei todas as fórmulas. Mas não faço previsões benéficas. Os homens do mundo não as merecem!

A velha chamou-o e disse:

– Quero falar com a mocinha.

– Vamos embora daqui, por favor – disse Olímpia profundamente impressionada com aquelas palavras terrivelmente negativas. – Não quero ouvir mais nada, muito menos de uma bruxa.

A mulher levantou-se a meio corpo e estendeu a mão para Olímpia, atraindo-a para si.

Olímpia ergueu-se e foi até ela, mais por compaixão do que por vontade.

– Entraste aqui em busca do conforto para teu corpo – disse Sibila, olhando-a nos olhos. – Pois bem. Zeus te deu saúde, fortuna, gênio, nobreza, coração bondoso, mente elevada e beleza contagiante, mas há de negar-te o que toda mulher deseja ardentemente.

A jovem sentiu um arrepio, mas reuniu forças e, após fazer o sinal da cruz, disse com vigor:

– Nosso Senhor Jesus Cristo há de amparar-me em todas as horas. Quanto à senhora, rogo à Virgem que tenha misericórdia e a livre de todo mal.

A mulher estampou no rosto um riso irônico e voltou

a deitar-se.

Lá fora a tempestade diminuía aos poucos.

– Vamos – insistiu Nebrídio. – Estaremos mais seguros lá fora. Afinal, já não chove tanto.

Enquanto Nebrídio e Olímpia se distanciavam profundamente impressionados, Cirilo, antes de sair, encarou a velha bruxa como a querer olhá-la por precaução ou medo. No entanto, não esperava que a mulher, após trocar o olhar com ele, tivesse um súbito ataque de tosse que a fizesse perder o fôlego.

Então ela arregalou os olhos, apontou o dedo para o rapaz e, nada dizendo, deixou-se cair no leito.

– Mãe! – sussurrou Alexandre – Que tens?

Num esforço, Sibila proferiu suas últimas palavras:

– É chegada minha hora, filho. Que os deuses tenham misericórdia de minha alma e que não desamparem meus filhos.

Após estas palavras, a pitonisa pendeu a cabeça nos braços do filho amado, vindo a desencarnar.

Alexandre estava extremamente confuso. Associava a imagem de Cirilo com as feições de sua genitora. E disse ao corpo inerte da mãe:

– Sim, minha mãe, este moço pode ser meu irmão! Conforme as instruções do oráculo, ele viria até mim. Hei de descobrir onde mora. Antes, sepultarei teu corpo, mãe querida.

Uma lágrima rolou do rosto corado de Alexandre, mas uma esperança nova lhe animava a alma solitária.

Do lado de fora, a chuva havia parado completamente.

Nebrídio colocou Olímpia sobre seu cavalo. Caminharam um pouco e logo encontraram o cavalo que tinha saído em disparada, após o acidente.

O incidente serviu para aproximar o jovem casal.

– Meu senhor, tu és muito ingênuo em acreditar em tais previsões – disse Olímpia.

– Não temo as crendices deste povo supersticioso. Se existem feiticeiros, é porque existem os crédulos que os mantêm.

Naquela noite, ambos tiveram prolongada palestra. Ele a ouvia mais criticando que concordando. Ainda assim, na manhã do dia vinte e seis de outubro de 384, Olímpia e Nebrídio se casaram. Em seu casamento, estiveram presentes todas as autoridades do império oriental.

Anfilóquio fizera a celebração e a bênção. Gregório escreveu, desculpando-se porque a idade e a saúde não lhe permitiram assistir ao enlace matrimonial e enviou um poema, em que dava bons conselhos à noiva.

O gênio do esposo não era fácil, mas, como ele era muito ligado à política e passava a maior parte do tempo em tais atividades, sobrava à Olímpia tempo para continuar com seu auxílio aos pobres. No ano seguinte, Nebrídio foi prefeito de Constantinopla, graças à sua competência como homem público e, em parte, devido ao fato de ter quadruplicado sua riqueza, após casar-se com Olímpia, tornando-se um homem influente.

Olímpia começava a admirá-lo pelas suas ações em favor dos pobres da cidade, mas ainda não aceitava o fato de ele ser tão duro com os presos de qualquer situação. Chegava a ser cruel.

A pedido de Olímpia, Teodósia e todos os servos foram junto com eles, inclusive Cirilo. O imenso palácio em que havia morado em sua infância, ela o transformou em hospital para pessoas pobres.

Cirilo, no entanto, não se conformava em ver Olímpia ao lado de Nebrídio.

Naquela tarde, Olímpia comentou com Cirilo que começava a admirar o esposo e que, com o tempo aprenderia a amá-lo. Revoltado com esta confissão, Cirilo disfarçou o ciúme e saiu em disparada, até o casebre onde morava Alexandre. Este o recebeu com um largo e raro sorriso. E mais uma vez teve a certeza de que aquele era o seu irmão.

— Em que posso servir-te?

— Lembro-me de que dissesse ter poções capazes de envenenar lentamente uma pessoa. Podes dizer-me quanto deverei pagar-te para possuí-la?

Alexandre impressionou-se com aquela expressão e não conseguia imaginar que seu irmão, sangue do seu sangue, fosse um assassino.

– Queres matar um inimigo que atenta contra tua vida?

– Sim. Um cruel inimigo, o maior de todos. Aquele que tirou de mim o bem mais precioso.

– Um valioso tesouro?

Sim, o mais valioso dos tesouros. A mulher que amo desde minha infância.

– Entendo. Um coração apaixonado é capaz de atrocidades. Mas aconselho-te a não sujares tuas mãos de sangue por tão pouco. Espera, e quem sabe o destino a colocará em teus braços. Uma tragédia talvez aconteça.

Nesse momento, Cirilo, desesperado, avança para Alexandre e, segurando-lhe a toga, cai de joelhos, em prantos.

– Não compreendes! Estou cansado de esperar. Mesmo porque jamais poderei tê-la em meus braços. Ela não me aceitaria, nem me amaria. Não posso! Oh! Malditos sejam meus pais, que me abandonaram. Atirar-me às águas teria sido mil vezes melhor que deixar-me viver pela metade. Porque me entregaram ao palácio? Deviam ter-me tirado a vida.

– Não fales assim, meu... – Alexandre ponderou que não era uma boa hora para revelar-lhe que não estava só, que era seu irmão, e que sagrados foram os motivos para sua mãe tê-lo abandonado. – Não posso compreender por que te sentes assim: és saudável, belo, forte.

Cirilo levantou-se, secou as lágrimas e, tentando desamarrotar a roupa de Alexandre, respirou fundo e disse:

– Não me darás a poção?

– Não, se não me revelares o que tanto te perturba!

– Então te revelarei. Sou eunuco, contra minha vontade.

– Que mal há nisso? Não és tu bem remunerado e não vives em total confiança de teu senhor? É uma profissão digna e necessária! Não deverias te sentir mal diante de uma escolha que fizeste.

– Eu não escolhi ser assim. Fizeram-me isso quando criança, para que tivesse alguma valia. Agora sofro, pois amo loucamente uma mulher, que é a mais bela, culta e bondosa dentre as mais virtuosas das mulheres. Casou-se com um homem cruel, que a despreza. E ela zomba de mim.

– Compreendo. Agora queres uma poção para matar teu rival ou tua idolatrada?

– Ele, claro! Jamais seria capaz de atentar contra a mais pura das criaturas.

– Não te preocupes com teu rival. Ele não viverá muito, posso pressentir.

– Já está vivendo demais – disse Cirilo com os punhos cerrados. – Se ela não pode ser minha, não será de ninguém. E se não me deres a poção, procurarei outras formas de dar fim à vida de meu inimigo.

Enquanto falava, Cirilo olhava para os lados, procurando o frasco marrom que havia visto, quando da última visita àquele lugar, e lembrou-se de que Alexandre se referia a ele como veneno que matava lentamente. Enquanto Alexandre estava distraído, Cirilo continuou falando e caminhando pela casa até aproximar-se dos frascos. Com as mãos para trás, pegou devagar o frasco e o escondeu nas roupas. Mas Alexandre nunca foi tolo e, percebendo o que pretendia, falou:

– Aprende a suportar as consequências de tudo o que fizeres. Não imaginas que mal pode o homem fazer a si mesmo, quando o faz a outro.

Cirilo, assustado, atacou:

– Quem tu és, para assim falares? Se tens aqui contigo estas poções de vida e de morte é porque as utilizas para o mal!

– Enganas-te. Por inúmeras vezes socorri homens, mulheres e crianças portadores de lepras purulentas e de muitas outras doenças incuráveis. Uma gota é um poderoso medicamento e salva uma vida. Se mais que uma gota, é um veneno mortal.

– Não me importo mais. Adeus! – disse Cirilo, saindo e levando o frasco.

Alexandre entristeceu-se e decidiu que era hora de sair da colina, a fim de ajudar seu irmão. Mas faria isso com muita cautela. O palácio do imperador seria um bom lugar para saber de todas as notícias, participando delas e não apenas perscrutando-as secretamente, como fazia. E era também um refúgio para continuar escrevendo suas memórias. Com a morte de sua mãe, seus animais de estimação se entristeceram profundamente, terminando por desencarnarem. Alexandre enterrou-os no mesmo lugar em que havia enterrado sua mãe.

Olímpia tornara-se uma mulher dotada de uma natureza muito sensível, possuía um forte instinto maternal, que a levava a se preocupar com o bem-estar de todos que estavam à sua volta.

Estava sempre tentando alimentá-los e agasalhá-los contra o ar úmido da noite, servindo de sentinela fiel ao lado dos que padeciam de alguma enfermidade. Isso fazia com que suas emoções fossem mais fortes do que o corpo material. O aborrecimento e a apreensão podiam pô-la doente, assim como a animação fazia-lhe bem. Temia, com frequência, a perda de algum ente querido.

Algumas vezes, por essas razões, caía num estado de depressão que inconscientemente a levava a uma doença. Sua imaginação ativa era bastante mórbida para transformar uma doença sem importância num mal sério ou até mesmo crônico. Nenhuma outra pessoa tinha tanta propensão a permitir que os pensamentos negativos lhe trouxessem uma doença, e nenhuma outra promoveria tal milagre de se curar por si mesma. Sua sensibilidade a levaria a construir lindos jardins se houvesse tempo disponível para isso. Da maneira pela qual tratava as flores, árvores e plantas, regando-as com dedicação amorosa, podia-se afirmar, sem nenhuma dúvida, que muito se identificava com a natureza.

Era portadora de uma fisionomia infantil e de expressões

sábias, de um belo rosto redondo, de pele macia, de boca bem desenhada. Todas as suas feições eram muito expressivas. Sua imaginação era profunda e criadora. Algumas vezes era impetuosa no falar, desconsolada no chorar; e quando se sentia magoada, escondia-se de todos, mas sem jamais perder a bondade que a caracterizava. Adorava cantar enquanto trabalhava em algum bordado. Tinha tal domínio das imagens, que as expressava com uma intensidade capaz de fazer com que os ouvintes as sentissem também.

Sua forte imaginação apreendia com grande facilidade a alegria e o desespero, o horror e a compaixão, a tristeza e o êxtase, e as emoções se fixavam firmemente em sua memória. Assim como um espelho, ela absorvia as imagens com a mesma facilidade que as refletia.

Cada experiência era gravada em seu íntimo.

Estava sempre estudando as Sagradas Escrituras e poderia repetir cada palavra quantas vezes fosse preciso. Sua preocupação em não errar era comovente, embora não possuísse uma natural disciplina.

Tomava o cuidado de não fazer as boas obras diante dos homens. Percebia a transitoriedade da vida terrena, a ponto de pensar que seria perda de tempo ir ao encontro dos elogios e reconhecimentos.

Para ela, suas boas ações deveriam ficar gravadas em sua própria consciência. Pouco se importava com a ingratidão de alguns. Sabia que para solucionar o problema da fome e da miséria bastaria o supérfluo da mesa do rico.

Encarregava-se diretamente da distribuição de alimentos, vestes e objetos de valor, doados voluntariamente por aqueles mais afortunados de bens materiais e que encontravam na Boa Nova a plenitude de uma vida superior.

Centenas de famílias pobres eram beneficiadas pelo trabalho coordenado por Olímpia. Tudo isso era executado sem alarde e sem causar qualquer constrangimento aos que buscavam pão, agasalho e esperança. No entanto, ela não apenas atendia aos que buscavam a ajuda, como também procurava socorrer diretamente nos lugares sombrios de cada cidade. Eram tantas famílias desoladas, com seus idosos entregues à blasfêmia; tantas criancinhas ligadas ao vício, prestes a sucumbirem sob as más tentações; tantos homens e mulheres irritados pelo desespero e pelas privações, vendo seus enfermos implorarem a morte como único benefício que o Céu lhes poderia outorgar.

Após a generosa visita de Olímpia, todos viam renascer a alegria onde, há um instante antes, nada se via senão desespero.

E quando retornava de sua ocupação sublime, sentia o coração cheio de compaixão e a mente em total gozo de felicidade, repetindo as palavras do Mestre Jesus: "Porque eu tive fome e me destes de comer; tive sede e me destes de beber; tive necessidade de alojamento e me alojastes; estive nu e me vestistes; estive doente e me visitastes; estive na prisão e viestes me ver. Felizes os promotores da paz, porque serão chamados filhos de Deus". Mas não podia dar certeza aos pressentimentos a respeito dos trágicos acontecimentos que estavam por vir.

O PREFEITO

Naquele dia, eles fariam vinte meses de casados. Nebrídio preparava-se para uma viagem a Milão.

Olímpia, com uma sensação que lhe apertava o peito, dizia-lhe:

– Meu marido, tu és um homem importante, manda um representante teu. Não te exponhas a uma viagem, se sabes que os bárbaros estão atacando os viajantes de tal rota.

– Não temo os bárbaros, mulher – disse ríspido. – Vou com uma escolta eficiente. Afinal, todos os bárbaros e góticos que antes atacavam Constantinopla já foram alimentados por ti, que não cansas de fornecer mantimentos de graça a todos esses vagabundos. Irei e retomarei intacto, verás.

Olímpia sentia algo em seu coração, mas não podia impedir o esposo. Chegou a implorar mais uma vez, mas ele era impetuoso.

No caminho, assim que atravessaram a região montanhosa, Nebrídio e sua comitiva estavam exaustos e se preparavam para descansar. Mas de repente foram atacados por um grupo de bárbaros maltrapilhos, sujos e fortemente armados com espadas e lanças de todos os tamanhos. Os guardas tentaram a todo custo defender o Prefeito, porém foi em vão. O grupo parecia de hábitos estranhos e lutavam não somente com as armas, mas tinham golpes certeiros e mortais com as mãos e pés.

Era tarde da noite, quando alguns soldados bateram à porta da prefeitura. A serva atendeu e, ouvindo a notícia, colocou as mãos no rosto e começou a chorar. Olímpia despertou e foi à sala. Ao topo da escada chamou a serva e perguntou, adivinhando:

– O que houve com Nebrídio!

A mulher secou as lágrimas e chamou o soldado, que disse:

– Minha senhora, sentimos em dizer-te que... o Prefeito está morto. Teu marido faleceu, honrosamente em combate, quando foi atacado por terríveis bárbaros. Lutou bravamente até o fim.

Olímpia segurou-se no corrimão e, contendo forte emoção, falou:

– Que a Mãe Santíssima o receba em seus braços!

– O Prefeito está sendo trazido pelos poucos soldados que sobraram – disse o soldado. Um emissário retornou para buscar reforços, mas quando lá chegamos já estavam quase todos mortos e alguns feridos. Os malditos bárbaros fugiram. Mas em breve serão mortos.

Olímpia, vendo nos olhos do jovem as intenções vingativas, interrompeu-o, dizendo:

– Já temos mortes bastantes, soldado. Nada que fizeres trará meu esposo de volta.

A cidade parou quando viu chegar o corpo do Prefeito.

O imperador, os embaixadores, os senadores, os nobres e o clero foram avisados, formando-se uma longa comitiva, enquanto o esquife era conduzido ao túmulo.

Olímpia, tendo vestido o traje de luto e sem verter uma lágrima, seguiu em silêncio. Dirigiu-se, amparada por Teodósia, ao aposento mortuário e não deixou seu posto durante toda a noite.

Algumas semanas se passaram e Olímpia intensificava suas obras, despertando a atenção e admiração de Gregório, que a partir de seu comportamento passou a ver as mulheres de forma diferente.

Os comentários sobre ela chegavam a todos os ouvidos. Certa manhã, Olímpia estava a orientar suas auxiliares como diaconisa. E dizia:

– Se estiverdes em uma casa cujo teto está quase a desabar, e alguém desejar que ali fiqueis, permanecereis a fim de ouvir atentamente um sermão?

– Claro que não! – respondeu uma jovem. – Diremos que saiamos dali antes que pereçamos.

– Assim também é a exortação aos famintos. Dai-lhes antes o de comer e beber, agasalhando-os, depois dirigi-lhes a mensagem desejada. Não ajam como os egoístas, hipócritas e insensíveis. E não passem os dias rogando a Deus que ampare os necessitados, pois somos nós que temos que ampará-los. Ora! Quem somos nós para dizer a Deus o que Ele deve fazer?

Nesse ritmo, tendo sido eleita superiora, Olímpia viajava junto com alguns auxiliares por todas as cidades próximas, levando auxílio aos mais necessitados.

Ao visitar Arianzo, encontrou Gregório e assistiu à celebração. Em seu sermão, Gregório falou sobre as viúvas:

– Meus irmãos, devemos honrar as viúvas que verdadeiramente são viúvas. Entretanto, se alguma viúva tiver filhos, ou netos, aprenda primeiro a exercer a piedade para com sua própria família e a recompensar seus pais, porque isso é bom e agradável diante de Deus. Ora, a que é verdadeiramente viúva e desamparada espera em Deus e persevera de noite e de dia em rogos e orações. Mas aquela que vive em deleites, já está morta. Mas se alguma viúva não tem cuidados com os seus e principalmente com os da sua família, negou a fé, e é pior do que a infiel. Nunca sejam inscritas viúvas, com menos de sessenta anos, nem as que tenham tido mais de um marido.

Que tenham testemunhos de boas obras como a de criar filhos, de exercitar a hospitalidade, de lavar os pés aos santos, de socorrer os aflitos, de praticar toda a boa obra. Mas não admitais as viúvas mais novas, porque, tornando-se levianas contra Cristo, querem casar-se novamente por mera carência, e por isso já estão condenadas.

Os fiéis ouviam atentos, e Gregório continuava com autoridade:

– Além disso, tais mulheres aprendem também a andar

ociosas de casa em casa; e não só ociosas, mas também paroleiras e curiosas, falando o que não convém. Quero que as moças se casem, gerem filhos, governem a casa e não deem ocasião ao adversário de maldizer, porque já algumas se desviaram. Se algum cristão tem viúvas, socorra-as, e não sobrecarregue a Igreja, para que se possam sustentar aquelas que deveras são viúvas.

Gregório parou por um momento e, sorrindo, concluiu:

– Digo isso porque hoje está aqui conosco uma jovem mulher, que para nós todos é a glória das viúvas. Ela dedica o seu tempo para os pobres, os necessitados. Diariamente ela reúne seus servos para carregar, de um lado a outro, mantimentos para os famintos, vestimentas para os desnudos e consolo para os desvalidos pela sorte.

Enquanto falava, Gregório dirigia o olhar para Olímpia, e todos sabiam que era a ela que ele se referia. Olímpia abaixou os olhos, enrubescida diante de tal referência, e assim ficou até o término da celebração, quando foi abraçada pelas outras viúvas e virgens abnegadas.

Naquele mesmo ano, sabendo das notícias referentes às brutais perseguições aos hereges, Gregório entristeceu-se profundamente, vindo a desencarnar a caminho da Igreja. Olímpia retornou para visitá-lo.

O CAÇADOR DE HERESIAS

Naquele tempo uma nova profissão surgia no império.

Ebenós, um discreto delator de cristãos. agora tencionava mudar de profissão. Tudo fazia para obter lucro, até mesmo tornar-se cristão, pois o que rendia nos últimos anos era a caça aos hereges. Tentou exercer esse cargo por seus próprios recursos, mas não conseguiu ir muito longe porque a tolice nunca foi uma característica de um cristão. Então procurou Epifânio, homem conhecido por sua personalidade facilmente adaptável às circunstâncias, para obter dele o aperfeiçoamento de suas táticas, propondo-lhe uma divisão dos lucros na caça aos hereges.

Ebenós, animado com o futuro ganho, logo se reuniu com Epifânio numa taberna. Com voz cavernosa, o iniciante dizia:

– Está cada vez mais difícil identificar um herege. As pessoas são covardes. Expõem seus pontos de vista às escondidas, mas se são descobertas e chamadas a depor frente ao imperador, negam tudo, não se traem uns aos outros, não delatam, são mesmo uns traidores de si mesmos.

– Prometi que iria preparar-te. Assim, é bom que saibas que não poderás usar um anel como este. E apontou grosso anel que o outro trazia no mínimo, cuja forma lembrava uma serpente.

– Não posso usar nenhum tipo de anel? – perguntou.

– Sim, podes, desde que simbolize um selo religioso.

– Ah! Poderei então usar um dos mais belos que já vi, com a figura do Sol.

– Não. Se desejares colocar um selo em tua casa ou em teu anel, dá preferência a selos que reproduzam símbolos aceitáveis pelos cristãos.

– Em minha casa, como devo proceder? Afinal, pode acontecer que algum resolva fazer-me uma visita!

– Retira tudo o que lembrar ídolos: as espadas, os arcos, as taças.

– Então, terei de limpar meus salões e jardins. Não sobrará nenhuma arte?

– Podes substituí-los por figuras de pombas, peixes, navios com velas, âncoras marinhas, figuras de pescadores.

– Que tipo de instrumento musical poderei ter?

– A lira ou a cítara: somente sons agradáveis e suaves. Nada de danças ou qualquer movimento que chamem a atenção para os quadris.

– Os quadris? Mas, raios! Que têm a ver os quadris com a religião?

– Não sejas ingênuo. O que te inspira uma jovem movendo os quadris de um lado a outro com ou sem sensualidade, ao som de uma música?

– Compreendi. Mas ser completamente cristão é difícil. Não se pode dar vazão aos instintos?

– É este o sentido, acredito: fazer com que o homem seja menos animal e mais divino.

– Se acaso tiver de convidar algum cristão para cear comigo, com o intuito de observar de perto suas ideias, devo mudar até mesmo meus hábitos alimentares?

– Atenta para este detalhe: a comida deve ser simples e sem requintes. Eles pensam que os cozinheiros que abusam dos mais variados temperos são inspirados pelo maligno, já que agradam o paladar, mas prejudicam a saúde. Nem penses em comer como um glutão, nem embebedar-te com vinho.

Assim, estarás condenado. Na verdade, eles estão corretos em assim pensar, não concordas? Substitui as baixelas, com seu luxo, as taças de ouro e prata, incrustadas de pedras preciosas, por outras mais simples.

– Até isso terei de fazer? Mas por que não gostam de nada belo?

– Entende, meu amigo: não é a comodidade, mas tão somente a vaidade que te inspira a fazer uso de tais objetos.

– Vou procurar não me esquecer de todos esses detalhes. Agora preciso ir; afinal, preciso providenciar muitas coisas. Hei! Psiu – assobiou ele, chamando o escravo que deveria estar ali por perto.

– Nem penses em assobiar, estalar os dedos ou mesmo fazer gestos vulgares com a boca, os olhos ou os dedos. Não é de bom-tom, nem civilizado. Quem assim age, são os primitivos, quando chamam os animais.

– Penso que é melhor desistir; acredito que não vou conseguir. É muito difícil!

– Aproveita para te tornares mais civilizado. E não te atrevas a participar de banhos mistos, espetáculos e esportes. Apenas os pagãos fazem isso. E também não ouses conversar com uma mulher, estando ela só.

– Então, que farei? Não posso fazer nada?

– Sê um pescador. Evita tudo o que seja imoral ou prejudicial a outrem.

– Eu, pescador? Como pode ser? Apenas entrei em um barco para um breve passeio e senti-me enjoado.

– Em nome dos tesouros que arrecadarás de cada herege que delatar, tu conseguirás muito mais que pescar. Se alguém perguntar-te se é bom ser pescador, guarda minhas palavras em tua cabeça. Responde com ar de simplicidade e humildade: "Melhor que ser pescador de peixes é ser como o Mestre, um pescador de almas".

O outro se lavou de rir ao ouvir tal comentário.

– Outro detalhe: o verdadeiro cristão é tranquilo, pacífico e calmo. Não penses que esse povo é tolo. Eles adivinham teus pensamentos. Agora preciso ir, o imperador vai precisar de mim. Logo que tiver informações precisas, procura-me e serás bem recompensado.

Na corte, o imperador Teodósio traçava seu plano.

Nebrídio já estava morto, fazia algum tempo, e a mão de Olímpia passou a ser pretendida por diversos homens da mais alta distinção na corte.

Mas Teodósio imaginou para ela o esposo que iria agradar principalmente e somente a ele. Era seu primo Elpídio, um espanhol.

Naquela noite, o imperador Teodósio havia tecido alguns comentários sobre seus últimos feitos a favor do Cristianismo.

O povo ouviu alegremente, apesar de toda a plateia perceber a empáfia e arrogância do palestrante, mesmo que as palavras tenham sido belas.

Durante a celebração, Olímpia começou a cantar um hino belíssimo entoado com a lira, que ela tocava divinamente. Todos ficaram admirados com sua linda e suave voz. Ao final, ela falou:

– Crede, minhas irmãs. Em Milão, desde que a imperatriz exigiu que uma das basílicas fosse entregue ao culto ariano, canta-se antes, durante e após o culto. Isso somente foi possível graças a nosso querido Ambrósio. Ele e mais outros amigos fizeram uma vigília de quarenta e oito horas na Basílica. Eles pregaram, oraram, recitaram e cantaram ao som de cítaras e liras os salmos e as bem-aventuranças durante todo o tempo. A multidão os acompanhou e muitos se converteram naquela noite.

Por fim, Jesus tocou no coração da imperatriz, e ela reconsiderou. Hoje tornou-se um hábito cantar hinos em louvor ao Criador durante as celebrações. Entre a multidão estava um jovem rico, filho de um patrício pagão. Este jovem, chamado Aurélio Agostinho, lá estava por curiosidade e por influência de sua mãe e de amigos. Recebeu uma experiência mística vinda do alto. A partir deste dia, vendeu seu vasto patrimônio, distribuiu o dinheiro entre os pobres e transformou sua casa em um mosteiro.

Após uma pausa, olhou profundamente para os fiéis e finalizou:

– Glórias a Deus nas alturas!

Os ouvintes responderam em um só coro:

– E paz na Terra aos homens!

Ao final da celebração, os fiéis se reuniram ao redor de Olímpia, felicitando-a, porém, somente alguns bajuladores rodearam o imperador, que viu de longe sua luz ser ofuscada por uma mulher.

No dia seguinte, Teodósio divulgou uma lista de proibições às mulheres. Em sua constituição, o imperador proibia o acesso das mulheres às igrejas, depois que, contrariamente às leis divinas e humanas, ousassem cortar os cabelos. As mulheres estavam proibidas de falar durante as celebrações e também seriam retiradas da igreja as que se sentassem ao lado dos homens. Estabeleciam-se sanções até mesmo contra os bispos que quisessem admiti-las. O imperador reafirmou ser oficialmente o domingo um dia feriado.

INTERESSES ESCUSOS

Naquela tarde, o imperador havia chegado de viagem. Esparramado nas almofadas, conversava com seu primo Elpídio. Ao contrário de Teodósio, Elpídio era obeso, de olhos e nariz grandes, boca descarnada e pescoço curto, deixando a cabeça meio enterrada no tórax. Andando de um lado a outro com as mãos para trás, ouvia as instruções do imperador:

– Portanto, meu caro – prosseguiu o imperador – deves saber que Olímpia é órfã e viúva há pouco. Não tem herdeiros e vem gastando toda a sua fortuna na manutenção da boa vida de mendigos e vagabundos. Sua beleza é estonteante, sua fortuna é grande. É muito rica e generosa.

– Ela não tem amante? – perguntou o rapaz.

– Não! Não duvido que possa também ser virgem, pois ficou casada durante vinte meses e não teve nenhum filho. Porém, não será fácil conquistá-la; tem um gênio fortíssimo. Aparenta fragilidade, mas as gazelas selvagens perdem para ela.

– Quando poderei vê-la?

– Esta noite – disse o imperador – terei mais uma enfadonha convenção com os prefeitos das províncias da Acaia. Para fugir da rotina, mandarei chamá-la, após a ceia. Mas não te entusiasmes, porque ela não é semelhante a certas mulheres fúteis que conheceste. Acredito que ela dirá um belo "não" quando te vir, mas com certeza não se negará à vontade do imperador.

– O não de uma bela mulher dá um arrepio frio, mas estimula a perseverar.

Chegada a noite e despachados os prefeitos, os auxiliares do imperador receberam Olímpia, Teodósia e duas servas. Enquanto ele permanecia sentado, elas se colocaram de pé à sua frente, depois de o haver reverenciado.

Olímpia logo percebeu a armadilha que o imperador lhe havia preparado.

O imperador a apresentou ao seu parente, cobrindo-o de elogios. Ele logo solicitou que Olímpia descobrisse o rosto.

Com um gesto gracioso, pôs em evidência seu perfeito perfil bizantino.

– Percorri toda a Ásia, a Europa Ocidental e Oriental, mas jamais me deparei com tamanha beleza. É a própria imagem da Virgem Santíssima.

Um escravo surgiu no salão, interrompendo o admirador e trazendo uma bandeja dourada repleta de joias.

Teodósia percebia no olhar de Elpídio um aspecto soturno. Um asco arrepiou-lhe as costas, fazendo-a elevar o lábio superior e enrugar o nariz. Não percebeu que o imperador a observava.

– Não aprecias os presentes, nobre senhora? – perguntou ele.

– Perdoa-me – disse Teodósia voltando a si. – O que disseste?

– O imperador pergunta – interrompeu Elpídio – se estás com nojo de alguma coisa. Parece-nos que vês algo repugnante! Acaso te deparaste com um inseto?

– Certamente que não – respondeu desconcertada. – Somos gratas. Mas a que viemos, Magnificência?

– Irei diretamente ao assunto, nobre senhora. Tens sido a fiel protetora da órfã Olímpia desde que seus pais foram chamados ao Céu. A jovem não teve a felicidade de permanecer casada por muito tempo. Também não teve filhos, bem o sei. Decidi que ela deverá se casar o mais breve possível. Não há, em todo o império, alguém melhor que Elpídio. De família nobre, será um bom administrador dos bens da jovem. Mandarei que preparem uma pomposa recepção para os convidados. Com certeza será um belo casamento.

Olímpia mal se sustentou nas pernas, ao ouvir tais afirmações com tanta convicção.

Teodósia manteve-se serena e disse ao imperador:

– Majestade, poderias conceder-nos alguns dias para refletirmos melhor sobre esta decisão?

– Certamente. Porém, não vos demorareis mais que dois dias. Meu primo tem negócios importantes em Milão.

Ao saírem do salão imperial, Olímpia, enfurecida, falou:

– Voltemos agora mesmo, não aceitarei tal afronta. Não vou me casar pela segunda vez contra a minha vontade.

– Espera, filha. Não é prudente agir assim com o imperador. Ele pode destruir-te. Oh! Quem sabe este homem poderá amar-te?

– Jesus me proteja também de ti, minha tia. Crês que homens deste gênero possam amar? Talvez nem mesmo com os sentidos.

Olímpia deu meia volta, retornou à sala, só parando diante do imperador.

– Já tens a resposta, tão rapidamente? – indagou o imperador.

Elpídio adiantou-se e completou:

– Já amei muitas mulheres, mas nenhuma se iguala a ti em beleza e graciosidade.

Olímpia respondeu:

– Quem muitas vezes amou, na verdade nunca amou, foi iludido pela paixão. Não és tu capaz de amar-me se me conheces apenas hoje.

– E quem não o seria? És perfeita! Se te expuseres, os artistas e poetas não quererão outra fonte de inspiração para suas obras.

– És sempre generoso em palavras aladas, nobre senhor?

– Acautelo-me em minhas declarações devido à tua nobreza, pois se fosses uma escrava, já estarias aos meus pés, implorando uma migalha de minhas palavras.

– Como ousas! – irritou-se a jovem. – Acreditas estar lidando com alguma de tuas lacaias? Tu és um bajulador indigno até mesmo das meretrizes.

O imperador observava a cena. Ao ver a ousadia da moça, riu soltamente, deixando Elpídio desconcertado e roxo de raiva.

Olímpia se dirigiu ao imperador e falou, reverente:

– Rogo que aceites minhas desculpas, Majestade. Se Deus quisesse que eu fosse esposa, não teria levado Nebrídio para junto de si.

– Não a interpretes mal – apressou-se Teodósia. – Ainda sente a falta do falecido esposo.

– Interpretar mal? – ironizou Teodósio. – Quis ser bondoso e ajudá-las. Porém, não foram gratas. Uma mulher não tem inteligência nem autoridade para administrar tamanha fortuna. Por isso, declaro que a partir de hoje todos os bens de Olímpia estarão nas mãos do prefeito.

Teodósia implorou, mas Olímpia disse convicta, encarando-o com ousadia:

– Agradeço, Majestade. Fizeste-me um grande favor. Fazia tempo que queria ver-me livre da gloriazinha das mulheres ricas da cidade. O povo não me via como filha de Deus, mas como um poço infinito de ouro. Agora posso ser mais útil que meu dinheiro. Reverenciou e saiu, acompanhada por Teodósia.

Elpídio pasmo, riu nervosamente e, dando um tapa camarada nas costas de Teodósio, falou:

– Uau! Que mulherzinha, essa! Na Espanha dizem que as mulheres orientais mal abrem a boca. Esta, além de ter um belo rosto, um grande dote, tem também uma língua afiada.

– É verdade, meu primo. As que leem muito são cheias de argumentos. Mas eu sei o que fazer para que ela mude de opinião.

Durante dias, Teodósio insistiu para que ela aceitasse o matrimônio, mas Olímpia continuou negando.

– Realmente, primo, não há como amolecer o coração desta mulher. O mundo está mudando, já não se obrigam as mulheres a fazerem o que querem os homens. E não penses que é somente aqui que isso acontece. Acredito que sejam elas as grandes responsáveis pelos nossos pecados. Por isso, já emiti várias proibições a tais atitudes infames. E vou emitir agora mais uma: Olímpia estará proibida de participar dos cultos ou de visitar o bispo, de quem tanto gosta.

Olímpia agradeceu, ao saber da decisão do imperador. Afinal, ficaria mais próxima dos necessitados.

Teodósia já estava doente e foi colocada junto às diaconisas. Cirilo acompanhou Olímpia protegendo-a, quando caminhava por ruas escuras a fim de auxiliar as pessoas doentes.

Dizia ele, francamente irritado:

– É mesmo um falso e hipócrita, esse Teodósio, que chamam de imperador. Pensa que não sei de suas fraquezas?

– Que dizes, Cirilo? Não me importa o que ele fez. Já disse que não me perturba a vida de pobreza. Devemos receber com alegria as ciladas que nos são preparadas.

– As mulheres são a fraqueza dele e de muitos que conheço.

– Não seria também a tua? – ousou Olímpia.

– Eu? Pobre de mim! Pode o pássaro voar sem asas?

Ambos riram das próprias misérias.

Mesmo tendo sido usurpados seus bens, Olímpia não desanimou. Convivendo com os pobres, seu alimento diário era uma fruta pela manhã, um pão com sopa rala no almoço, outra fruta no jantar.

A sua benéfica atividade levou o arcebispo Nectário a lhe conferir o título de diaconisa[26], que então só se dava às viúvas de mais de 60 anos, enquanto ela tinha apenas 30. Ela se insta-

---

[26] Diaconisa: palavra grega usada para designar funções ministeriais femininas em favor da Igreja ou da comunidade. Também poderiam ser diaconisas as esposas dos ministros das igrejas. Tais mulheres cuidavam de enfermas e parturientes, além de batizá-las Deveriam ter as seguintes qualificações: piedade, discrição e boa reputação.

lou numa ampla mansão, junto com um grupo de jovens que desejavam consagrar-se ao serviço de Deus.

Olímpia fundou, sob o pórtico meridional do Templo, um mosteiro que se comunicava por meio de uma escada com o pórtico da igreja.

As religiosas pertenciam às melhores famílias da capital. No entanto, as famílias mais abastadas criavam suas filhas para o casamento por interesse.

O IMPERADOR É PUNIDO

Nos anos seguintes, após o Concílio, Teodósio ordenou que todos os templos pagãos fossem fechados ou destruídos.
Disse ele, ao mandar destruir Delfos:
– Destruam tudo, exceto o que for belo.
Então, os soldados trouxeram juntamente com os incontáveis tesouros, uma estátua, na verdade um obelisco erigido por Tutmés III. O imperador ordenou que fosse colocada na praça de esportes. Era uma coluna de bronze proveniente de Delfos, feita de três serpentes, cujas cabeças sustentavam outrora o tripé de ouro consagrado a Apolo, após a vitória de Plateia. No hipódromo ficava, como num museu, a antiga arte grega que representava as velhas crenças pagãs, inspirando na população certa repugnância. Apesar de o paganismo estar interditado, o imperador não compreendia as fraquezas dos líderes pela arte pagã.
Contudo, Teodósio haveria de sofrer por esta afronta, não da forma como ele imaginava. Uma lição estava preparada para ele.

..*.

Em Milão, havia um bispo muito dedicado ao seu povo e aos estudos. Em qualquer fato extraordinário que acontecesse na cidade e que envolvesse o sofrimento do povo, lá estava ele defendendo os menos favorecidos, mesmo que precisasse enfrentar o imperador.

No ano de 390, aconteceu em Tessalônica um pavoroso massacre. O governador Buterico mandara pôr no cárcere um cocheiro que havia seduzido uma serva da família e se recusou a libertá-lo quando o público exigiu sua presença no circo.

O povo ficou tão revoltado que apedrejou até a morte alguns oficiais, e assassinou o próprio Buterico. Teodósio ordenou que fosse feita uma represália de selvageria sem precedentes.

Enquanto o povo estava reunido no circo, um grupo de soldados cercou o local e avançou contra a assistência. O massacre se prolongou por horas a fio, e no final foram contados sete mil mortos. Isso sem distinção de idade ou de sexo, inocentes e culpados, indistintamente. A sociedade ficou horrorizada, e todos os olhares se concentraram na pessoa de Ambrósio, que procurou ouvir a opinião dos outros bispos, com os quais mantinha contato. Decidiu que o imperador deveria fazer penitência, não apenas interior, mas exterior, como cabia a malfeitores. Escreveu-lhe uma carta exortando-o a isso.

Teodósio se recusou à penitência. E quando Ambrósio encontrou-o na porta da igreja, acompanhado de toda a corte para assistir à missa, censurou-o em público e, em voz alta, excomungou-o por oito meses, durante os quais ele ficou sem comparecer a Milão. Teodósio ordenou que os escritores jamais citassem esses fatos, mas que, ao contrário, contassem que ele fez penitência e sempre foi bem tratado por todos os bispos.

O imperador, pela primeira vez, reconheceu a superioridade da lei divina. Ambrósio foi um dos mais notáveis exegetas, teólogo, filósofo, compositor de hinos e orador da Igreja Cristã antiga. Foi quem influenciou Agostinho, o qual mais tarde se tomaria um famoso bispo de Milão. A morte de Ambrósio foi uma grande perda para aquela cidade.

Os cristãos eram maioria no império. Havia motivos para se comemorar. No entanto, a tranquilidade reinaria por pouco tempo. Os grandes homens do império estavam enfermos.

Teodoro de Mopsuéstia trabalhava assiduamente como bispo. Mais tarde, retirou-se para um mosteiro até sua morte. Nestório, seu discípulo trapalhão, criou problemas, instigando controvérsias entre o clero, até que foi expulso.

.*.*.*.

Rompia o ano 397, e o império continuava imponente. Teodósio conseguia manter a unidade entre Oriente e Ocidente. Entretanto, suas bases estavam para ser rompidas. A corte estava repleta de jovens belas e sedutoras.

Neste ambiente, aflorava Eudóxia, filha mais jovem do general Franco Bauto. Com sua pele muito branca, com seus grandes olhos negros e inquietos e com seus gestos voluptuosos, transpirava sensualidade. Seu pai não aprovava seus modos, mas a garota desde cedo demonstrava ambições desmedidas, que aguçavam seus pensamentos. Andando de um lado a outro e arrastando a cauda da camisola de seda, dizia à ama:

– Vou tornar-me princesa, depois rainha do império. Duvidas?

A ama respondeu negativamente com a cabeça.

– Pois acredita, logo ele estará aqui – e apontou com o dedo esquerdo na palma da mão direita – e eu serei rainha do mundo. Todos beijarão meus pés.

Naquele mês, o imperador preparou uma festa para centenas de convidados, entre eles o general Bauto e sua família.

Eudóxia cuidou para que fosse vista. O imperador não teve dúvidas ao ver a beleza da jovem. Logo combinou o casamento entre seu filho Arcádio, de apenas dezesseis anos, e Eudóxia, também muito nova.

Um ano após, morreu Teodósio. Seu filho Arcádio assumiu o império do Oriente, enquanto Honório, seu irmão, o do Ocidente.

Eudóxia começou a sobressair: organizava festas beneficentes, queria aparecer diante dos súditos.

Teve um filho, com cujo nome Arcádio homenageou seu pai, batizando-o de Teodósio II. Entretanto, a imperatriz não se atinha aos cuidados com o filho; ao contrário, parecia ter lava nas veias em vez de sangue.

Não sossegava. Enquanto seu marido imperador saía para expedições em busca de relíquias de santos, ela se deleitava com orgias e adultérios.

A corte estava horrorizada. Eutrópio, o ministro de Arcádio, preocupado com a imagem do reinado, foi procurar João, para que ele a aconselhasse a manter sua posição com dignidade.

João não negava auxílio, mas confessou seu desagrado em face do pedido. Contudo, considerando que a moral do império estava em jogo, dirigiu-se ao palácio, a fim de endireitar a jovem. Qual foi a sua surpresa! Ela não o quis receber. Mandou dizer que não tinha tempo, estava muito ocupada. O ministro desculpou-se diante da expressão impaciente de João e disse:

– Encontraremos um modo de salvar a moral do império. Assim que o imperador chegar, teremos uma decisão.

João retornou a Antioquia, pasmo com os comentários a respeito da imperatriz.

Logo que Arcádio retornou, Eutrópio solicitou uma audiência. Com cuidado, alertou o imperador a respeito do comportamento de sua esposa. Não acreditando, Arcádio foi ter com ela.

A JOVEM IMPERATRIZ

A jovem era mais astuta do que imaginavam. Seduziu o esposo mais uma vez e, como exercia uma forte influência sobre ele, convenceu-o de que tudo eram intrigas dos invejosos e maquinou consigo um plano para vingar-se de Eutrópio.

Antes de ser ministro, Eutrópio, eunuco armênio, fora escravo. Apesar de dedicado ao império, tinha suas fraquezas.

A imperatriz elaborou seu plano funesto. Atraiu-o para si durante muitos dias com olhares sedutores. Ofereceu-lhe dinheiro e, em segredo, dizia amá-lo mais que ao imperador.

Após levá-lo às escondidas para seu leito adúltero, rasgou suas próprias roupas e gritou, histericamente, dizendo ter ele tentado estrangulá-la. Os guardas vieram e o levaram à presença do imperador. Eutrópio foi preso e decapitado. A imperatriz agora se sentia livre de inimigos.

Entretanto, seus dias de alegria durariam pouco. O bispo Nectário estava à morte. Eutrópio havia falado bem de João, e todo o império sabia das qualidades irrefutáveis dele.

João não imaginava o que estava por acontecer. A sua fama de santidade e de exímio orador tinha-se espalhado por todo o Oriente.

Após dois anos, quando desencarnou Nectário, o patriarca e bispo de Constantinopla, o imperador Arcádio chamou João para sucedê-lo na Sé, a Basílica de Santa Sofia.

Arcádio havia acabado de descobrir as relíquias de Menas em Alexandria. Os peregrinos eram atraídos em massa para o oeste de Alexandria, à margem do deserto. Arcádio elevava ali uma vasta basílica para recebê-los.

No entanto, o imperador precisou de muita autoridade e habilidade para induzir João a acertar semelhante ofício. Em conversa demorada, Arcádio lhe diz:

– É um povo de superioridade intelectual, de flexibilidade perfeita da inteligência, de finura sutil do espírito. A curiosidade sempre pronta, a amplitude dos conhecimentos, a riqueza da vida moral caracterizam esses gregos cultos, extremamente inteligentes, que sabem traduzir com beleza seu pensamento, que pensam em assuntos complicados e difíceis, que são capazes de discutir com profundidade os problemas mais delicados, e que, na conduta da vida, não se embaraçam com vãos escrúpulos. Assemelham-se a seres de raça superior, a educadores, a mestres.

– E quanto aos privilégios?

– Ainda é a educação, não o nascimento, que permite o ingresso na sociedade. Quem fala com sotaque é vulgar nos pensamentos e desprezado nos círculos sociais. Há um amor inato pela beleza em suas múltiplas manifestações. As formas humanas, as paisagens naturais, as construções, os tecidos, os livros são motivos para expansão do sentimento pelo belo. Esse sentimento reveste-se de um caráter transcendental, levando o bizantino, além das aparências, à contemplação mística da Beleza Incriada, Deus. Há uma profunda religiosidade impregnada na vida política, social e privada.

– Pois bem – disse João. – Aceito, mas percebo que este cargo será minha cruz, meu martírio.

– Não te arrependerás. Preciso de um homem de Deus e forte na moral, como tu és. Não posso ficar muito tempo no palácio, preciso continuar o que meu pai começou. Além de manter longe o paganismo, precisamos encontrar todas as relíquias dos santos antes que sejam destruídas pelo tempo. Será uma honra.

– Amanhã mesmo, estarei em Constantinopla.

Da vida simples e pacata de Antioquia, João foi, aos quarenta e oito anos de idade, transportado para a grande metrópole, para a capital oriental do império, a cidade do luxo, do mundanismo, das intrigas políticas. E em poucos dias procurou o imperador, dizendo-lhe:

– Tu és jovem, imperador, mas não és tolo. Estou aqui apenas há uma semana e já vi superstição, feitiçaria, astrologia, magia, cartomancia, tratos com o diabo, crendices, oráculos, corrupção, intriga e crueldade.

– Não! O povo bizantino é tranquilo!

– Sim – ironizou – o bizantino compra os lugares, vende os favores, a proteção, a justiça. Para enriquecer e subir, conta menos com o mérito que com a intriga, a habilidade, as conspirações ou a insurreição. Ambiciosos ou servis, igualmente sem escrúpulos, igualmente dispostos a todas as baixezas e a todas as traições, tais se nos deparam os da classe dirigente. E quanto ao exército, destila crueldades, atrocidades e castigos: narizes cortados, olhos vazados, orelhas arrancadas, lentas agonias que antecedem a pena suprema. O povo aplaude, tem alma cruel, gosta de ver sangue derramado.

– É um povo emocional, apaixonado.

– Sim, de alta intelectualidade e de baixa moralidade. De inteligência admirável e de caráter desmoralizado. De astúcia e perfídia bem calculadas.

– Exatamente por isso te buscamos: para que transformes o povo, do mais pobre ao mais rico. Não fui eu quem o chamou, mas o próprio Deus. Não compreendes?

– Tentarei – disse João com certo desânimo.

Ao assumir o governo da diocese, João procurou conhecer bem o terreno em que pisava. Notou como o clero, em sua maioria, era pouco preparado para sua divina missão; era ambicioso, avarento, politiqueiro.

A corte era corrupta e, o que é pior, intrometia-se facilmente nos negócios e na vida da Igreja. A vida social era decadente, levada pelo luxo, pelas futilidades, pelas cobiças e pelos prazeres.

João começou sua obra de reforma pelo clero e pelos religiosos, exigindo a observância dos cânones eclesiásticos, de acordo com a pobreza e simplicidade evangélica. Em seu arrebatado sermão, começou a verberar o mundanismo, o luxo, a imoralidade da vida social, as intrigas da vida política, as ingerências da corte na organização e disciplina eclesiásticas.

Sua atitude de pastor zeloso, firme e enérgico era acompanhada de seus exemplos de austeridade e de grande caridade. Os fiéis logo perceberam quão grande era sua capacidade.

Olímpia havia adoecido e, extremamente fraca, viu-se obrigada e ficar acamada.

No entanto, reuniu forças e levantou-se para assistir à celebração do novo bispo. Após ouvir seu eloquente discurso, ficou maravilhada e começou a sentir-se melhor.

Mas nem tudo era ruim em Constantinopla. Naquela manhã de segunda-feira, João saiu acompanhado do chefe da guarda, o generoso Nilo, que outrora havia retirado João dos extremos do jejum. Ofereceu-se para mostrar ao recém-chegado toda a cidade.

João preferiu começar pela parte mísera, a fim de verificar as condições da parte norte e mais miserável, com a intenção de construir um hospital para atender os enfermos pobres.

Enquanto caminhava e conversava com Nilo, João viu de longe uma mulher vestida de simples túnica branca de lã, que lhe disfarçava todas as formas, tendo os cabelos cobertos por um véu negro. Era Olímpia, em seu labor de caridade.

Enquanto pensavam que ela estava de cama, desistindo de tudo, lá estava ela novamente, de pé ante os mais aflitos, curando, auxiliando e apoiando. Cuidava de feridas humanamente repugnantes, sem qualquer manifestação de asco. O odor desagradável exalado pela secreção purulenta faria qualquer um pensar duas vezes antes de se aproximar. Havia conhecido uma santa mulher chamada Cáritas, da Nicomédia, que logo se tornou sua amiga inseparável, pois pensava do mesmo modo que ela e não hesitava em auxiliar o próximo.

Diante das purulentas feridas de um doente, Olímpia não pensou sequer uma vez. Logo, tomando de uma vasilha de água, misturou sal e lavou as chagas daquele pobre homem. A seguir cobriu toda a ferida com mel e derramou óleo santo na cabeça do enfermo, enquanto entoava uma oração silenciosa e de muita fé.

Conversavam, enquanto limpavam outros curativos. Sua postura de nobreza espiritual e seus gestos atraíram a atenção de João.

Quando este se aproximou, ouviu-a dizer à moça que estava ao seu lado:

– Ouviste, o novo bispo falar? Ele tem o coração e a cabeça cheios de coisas boas para dizer. A eloquência dava a força e a destreza aos membros, a vivacidade de um piscar de olhos. É a superioridade e a agilidade que constantemente conferem supremacia ao homem empenhado na palavra de Deus. Parece ter ele a alma totalmente equilibrada, alegre e suave, o coração sensível, a natureza toda feita de impressões e de movimentos imediatos. Tudo parece límpido, transfigurado por um toque celeste. Eis o bispo de que nossa cidade precisa. Espírito lutador, com simplicidade de intenção, retidão e firmeza de vistas, nobreza e generosidade, isso constitui sua atração incomparável...

A moça interrompeu-a, dizendo:

– Teus olhos se enchem de uma luz especial quando falas deste novo bispo! Será amor à primeira vista?

– Evidente que não – ralhou Olímpia. – É assim que se revela o dom de todo homem realmente eloquente que anda com o Espírito Santo.

Enquanto falava, não percebeu que João se aproximava e perguntava a Nilo:

– Quem é esta que avança rumo aos miseráveis e parece amá-los profundamente?

– É a viúva Olímpia – disse Nilo com um brilho nos olhos – uma mulher maravilhosa, dotada de todas as virtudes as quais as mulheres escolhidas por Deus deveriam ter. Ela é um vaso precioso pleno do Espírito Santo. É também diaconisa.

– Tão jovem e diaconisa? Pois gostaria de falar-lhe após a celebração de amanhã.

– Podes falar-lhe agora!

– Não. Seria imperdoável interrompê-la em sua divina ação. Não sou mais importante que estes santos pobres.

No domingo, durante a celebração, João percebeu uma luz diferente nos olhos de Olímpia que não desviava dele o doce olhar.

Falara sobre o amor aos pobres e mais uma vez iluminou o ambiente com suas palavras cheias de vida. Durante o sermão, sua voz persuasiva vibrava poderosamente.

Após a celebração, as diaconisas, viúvas e virgens abnegadas foram, em fila, apresentadas ao bispo. Quando chegou a vez de Olímpia, ele disse:

– Que o Senhor continue abençoando teu trabalho. A partir de hoje, tu e todas as tuas discípulas estarão sob minha proteção.

Elas sorriram discretamente, e Olímpia, curvando-se, beijou o dorso da mão de João, num gesto de gratidão fraternal.

Sob a orientação dele, as obras de caridade dela se espalharam, chegando até o exterior. À casa em que elas residiam foram anexados um orfanato e um hospital. Quando os monges expulsos da Nítria chegaram até lá e apelaram contra Teófilo de Alexandria, receberam alimentação e abrigo às expensas de Olímpia, sem imaginar que este e outros apoios lhes custariam a vida posteriormente.

Olímpia tinha muitos amigos. Mas foi com o próprio bispo que a amizade dela foi mais profunda e mais confidencial.

Naquela noite, reuniram-se ao redor do leito de Anfilóquio que estava bastante doente. Lá estavam Epifânio, Teodoro de Mopsuéstia, João e Olímpia.

Teodoro falava sobre as concepções reencarnacionistas de Orígenes. João, apesar de não gostar de contradições, apoiava seus companheiros.

Não imaginavam que Epifânio guardava tudo isso com o intuito de denunciá-los aos bispos que consideravam herege quem fosse de acordo com Orígenes.

Teodoro falou a João sobre o fato de o imperador Teodósio haver retirado em vida os bens de Olímpia e de Arcádio ainda não o ter restituído.

Ainda naquela noite, João foi solicitar que Olímpia explicasse o acontecido. Sem meias palavras entrou, perguntando-lhe:

– Fazem tudo isto a ti, e nada dizes?

Olímpia já se havia conformado e disse:

– Só tenho a agradecer. Hoje vivo mais próxima daqueles que realmente precisam de mim. Não faço questão de ter meus bens de volta, senão para verdadeiramente os repartir com os pobres.

– Gostarias de fazer mais do que fazes?

– Claro! Apesar de os habitantes desta cidade mundana não gostarem de austeridade, são filhos de Deus e merecem meu auxílio. Tenho-os como filhos de minha alma.

Quanto mais João conhecia Olímpia, mais se surpreendia. Em momento algum estava desanimada, jamais se queixava, estava sempre pronta para o trabalho, levando assistência e alegria por onde passava. Ele afirmou-lhe mais uma vez:

– Pois poderás fazer mais ainda hoje, pois terás de volta a tua fortuna.

– O que farás?

– Aguarda e verás.

João saiu decidido e foi diretamente à sala do trono.

O BISPO E O IMPERADOR

João falou ao imperador com severidade:
– Se não pretendes restituir os bens usurpados de uma viúva, que eles se repartam com os pobres!

O imperador imediatamente ordenou que fossem devolvidos a Olímpia todos os seus bens.

Naquela tarde, João foi apresentado à imperatriz. Ela olhou-o com desdém e aversão.

João, com seu caráter reto, franco e íntegro, encontrou nos olhos de Eudóxia um orgulho quase selvagem.

Logo que chegou à Sé, comentou com Olímpia que seus bens logo estariam novamente sob seu controle. Também falou de sua impressão sobre a imperatriz Eudóxia. Olímpia, piedosa como sempre, sem forma redarguiu:
– É uma pobre mulher; precisa conviver mais com os sofrimentos alheios para ser melhor. Aliás, quem ajuda a diminuir sofrimentos termina por evitar os próprios.

– Já a vi várias vezes utilizar-se de tal oráculo – disse Cáritas ao pé do ouvido de Olímpia.

– Mais um motivo para termos pena desta infeliz.

Naquele ano, desencarnaram Gregório de Nissa e Anfilóquio.

Olímpia dedicou-se mais ainda ao bom aproveitamento de seus bens. Seus trajes eram modestos, a mobília muito simples, suas orações assíduas e suas obras de caridade sem limites, de modo que João julgou necessário pedir-lhe:

– Modera tuas esmolas, ou, antes, sê mais cuidadosa em concedê-las, para que possas socorrer as pessoas cujas necessidades sejam mais prementes. Não deves estimular a preguiça daqueles que vivem às tuas custas sem necessidade. É o mesmo que atirar teu dinheiro ao mar.

– Hoje sei o quanto poderia ter feito e não fiz. Agora que meus bens retomaram às minhas mãos, usá-los-ei para fundar obras de caridade, entre as quais um grande abrigo para receber os eclesiásticos de passagem pela capital e os viajantes pobres. É o mínimo que posso fazer.

O imperador Arcádio ouvia sempre os sermões de João e tornou-se seu discípulo.

No entanto, a imperatriz evitava os olhares do bispo. A simples presença de um justo incomoda os perversos, quanto mais um olhar de reprovação.

O novo bispo de Constantinopla revelava grandeza bem diversa: a de saber sofrer, sem render-se e sem sacrificar o interesse real do povo. Constantinopla era uma sede episcopal cobiçada pelas correntes diversas porque, através do Imperador, estendia-se a influência da Igreja.

Teófilo de Alexandria, talvez o mais político entre os bispos, contava com essa sede para um de seus amigos. Mas João foi escolhido, justamente para que nenhum partido vencesse. Tinha em seu favor a fama de eloquente, erudito e incorruptível. Iria fazer-lhe falta a habilidade.

Enquanto conversava com Olímpia, a única pessoa em quem verdadeiramente confiava, João andava de um lado para o outro. Até que em um certo momento do diálogo, falou:

– Teófilo não esconde sua adversidade para comigo. Sinto que atenta contra meu trabalho. Talvez devesse retomar a Antioquia. O que pensas a respeito?

Olímpia ouvia-o com atenção e sabia de todos os acontecimentos.

– Não deves dar ouvidos a intrigas. Haverá sempre fariseus interessados em inibir o nobre trabalho de esclarecimento ao povo. É uma nova etapa, deves estar certo de que a maioria o apoia.

– No entanto, como vencer a nova etapa da existência? Vejo o clero indisciplinado, monges chamados de vagabundos, riquezas suspeitas, grandes damas da corte favorecendo toda sorte de orgias. À capital acorrem bispos cansados de sua residência, em busca de aplausos, de honrarias e mesmo de banquetes.

– Mas é aí que entras tu, o filósofo, o santo, o orador – disse Olímpia, com reverência.

– Mas solitário. O imperador convidou-me para um banquete, na intenção de ter-me ao seu lado. Rogo que respondas a ele por mim. Dize o que quiseres, mas livra-me da presença da imperatriz.

– Certamente, amanhã assim farei.

No dia seguinte, Olímpia foi ter com o imperador, respondendo-lhe:

– O bispo agradece o convite. Não tem aceitado nenhum convite para banquetes. Contenta-se com uma só refeição, composta quase unicamente de legumes. Ele mesmo disse que come só, para poder comer menos.

Alexandre havia-se empregado como assessor de Eudóxia, a qual se servia de seu Oráculo. A tudo ele prestava atenção e anotava em seus rolos. Em uma de suas inúmeras consultas, a imperatriz obteve a orientação de viver em paz com os que eram superiores a ela. Por isso tencionou convidar João e mimá-lo com um banquete, a fim de que não tivesse problemas com ele.

Quando soube da negativa ao convite, ficou furiosa, convicta de ter sido uma afronta de João, pois seu plano era tê-lo sob seu controle. E assim tem início uma antipatia declarada. Mas João não está preocupado com os caprichos de Eudóxia. Há de lutar até contra teatros, ele que é homem de cultura, e contra espetáculos; há de voltar-se constantemente contra os gastos dos ricos, defendendo os pobres; há de acusar a sociedade com uma desenvoltura que nasceu do contato com Deus e da visão de mundo injusto, embora dito cristão, já a esta altura. Será o vendaval para limpar a atmosfera. Mas não suspeita – ou certamente suspeita – que contra si mesmo e sua ação se levantará outro vendaval, apoiado por todos os grandes daquele tempo. Só o povo estará com ele. Povo que interrompe as suas alocuções com gritos e aplausos. Povo que também muitas vezes falha, quando lhe oferece teatros, circos e diversões gratuitas.

João atendia aos apelos de seu cargo. A vida de bispo não era fácil. Estava sob sua administração um clero numeroso.

Haveria de visitar as cidades muitas vezes para apascentar seu rebanho, inclusive sua cidade natal, Antioquia, a qual lhe trazia nostálgicas recordações, após a morte de sua genitora.

Nos dias de competição, a população superlotava as arquibancadas do hipódromo. O mestre das cerimônias anunciava que tudo estava preparado. O basileu aparecia na tribuna e abençoava três vezes a multidão, que se inclinava respeitosa e aclamava o soberano.

A um sinal deste as portas dos cárceres se abriam simultaneamente e as aurigas lançavam-se nas pistas sob os gritos frenéticos da assistência.

Cada corrida compreendia quatro quadrigas[27] de quatro cores que deviam fazer sete voltas. O espetáculo tinha início pela manhã e prosseguia durante todo o dia, com um intervalo para a refeição. Entre uma corrida e outra, coroava-se o vencedor que ganhava riquezas e honrarias e era saudado por aclamações ritmadas das facções vitoriosas.

No intervalo que se seguia à quarta corrida, havia animais exóticos, cenas cômicas, acrobacias, danças, músicas. Os ricos eram servidos de banquetes, os pobres comiam o que tinham trazido: carne seca, peixes salgados, limões, laranjas.

Teatros, cortejos, espetáculos de rua, solenidades religiosas. João se sentia incomodado com tais frivolidades. Um dia comentou com Arcádio sobre como o povo cristão deveria se comportar, ao que ele respondeu:

– Oh! Mestre, são palavras perdidas. Este povo quer diversão.

João não mais esperou nem relevou. Haveria de reagir. E sua reação causaria um grande e precioso impacto.

---

[27] Quadriga: carro de duas rodas puxado por quatro cavalos emparelhados.

A VOZ DO SÁBIO

Num domingo, durante o sermão, começou a falar, olhando nos olhos de cada um como que a querer falar profundamente na alma de seus ouvintes. Sua voz fazia-se ouvir até mesmo fora das paredes da Basílica:
– "É isto tolerável? É isto permissível? Sede, vós mesmos, os juízes." Também Deus agiu assim com os judeus, quando os interpelou: "Povo meu, que te fiz eu, em que te fui molesto? Responda-me". E no livro de Jeremias perguntou-lhes de novo: "Que injustiça encontraram em mim vossos pais?" Imitarei, pois, o exemplo de Deus, interrogando a vós:
– É isto tolerável? É isto permissível?
A despeito de prolongados e reiterados discursos e da grande e recente lição que tivestes, quando da calamitosa tempestade ocorrida há poucos dias, pela qual tinham feito procissões e súplicas na célebre igreja dos Apóstolos, alguns houve que, abandonando-nos, foram ao espetáculo de corridas de cavalo e se entregaram ao delírio das ovações, enchendo a cidade com gritos, berros e risadas. Isto é para chorar!
Eu estava em minha casa e, ao ouvir a algazarra, mais sofria do que se fosse atingido por uma tempestade. Como os náufragos que se percebem em perigo, vendo as ondas baterem com furor contra os flancos do navio, era assim que me sentia. Era como se desabassem sobre mim as ondas dos gritos irritantes. Encolhia-me, cabisbaixo de vergonha, enquanto

uns nas arquibancadas torciam delirantemente pelos carros em corrida. Que poderia responder, que desculpas haveria de alegar, se um forasteiro, presenciando tal loucura a mim perguntasse: É esta a cidade dos apóstolos? É esta, a cidade que acolheu um mestre como Santo André? É este, o povo amante do Cristo, auditório seleto e espiritual?

Nem mesmo quisestes guardar o dia em que se consumaram os símbolos da Redenção de nossa estirpe!

Na sexta-feira seguinte, no dia em que o Senhor foi sacrificado e o Paraíso reaberto, quando o ladrão foi reconduzido à Pátria e nós fomos resgatados da maldição, no momento em que nossos pecados foram anulados e terminou a guerra dos séculos, em que Deus se reconciliava com os homens, mudando tudo para o bem, no dia destinado ao jejum, à oração e à ação de graças Àquele que derramou seus benefícios sobre o mundo, vós não vos importáveis com igreja, sacrifício, comunidade fraterna, dignidade do jejum! Corríeis para o teatro, como que escravizados e arrastados pelo demônio. Dizei se é isto tolerável.

É isto permissível? Não me cansarei de repeti-lo, pois aliviarei minha dor, não se a sufocar pelo silêncio, mas se a considerar de frente e se a manifestar diante de vossos olhos.

Como iremos agora pretender que Deus seja propício para conosco? Há três dias que terríveis aguaceiros desabaram aqui, inundando e arrasando, arrancando, por assim dizer, o pão da boca dos lavradores, abatendo as espigas de trigo e destruindo tudo o mais pela umidade. A cidade inteira recorreu a ladainhas e rogações. E depois de aplacada a ira divina, atravessamos o mar, arrostamos as ondas, lançando-nos aos pés dos corifeus Pedro, a rocha da fé, e Paulo, o vaso de eleição, tecemos-lhe um elogio espiritual, enaltecendo seus sofrimentos e suas vitórias contra os males. Ora, não vos intimidais por acontecimentos assim tão recentes? Não vos deixais instruir pelos sublimes exemplos dos apóstolos? Pois mal decorreu um dia após isso, e já vos entregáveis às danças e gritos, já vos deixáveis arrastar pelas paixões! Se tanto vos agradava assistir à corrida de animais, por que não subjugastes vossos afetos animais, vossa ira e concupiscência? Por que não lhes impusestes o jugo suave e leve da sabedoria? Por que não os dirigistes com as rédeas da reta razão, em direção ao prêmio da vocação celeste, isto é, da Terra para o Céu, não do circo para o teatro? Pois é esta corrida que conjuga a alegria ao proveito.

Negligenciastes, porém, vossos próprios interesses. Fostes torcer pela vitória de outros e empregastes mal um dia tão grande. Não sabeis que Deus nos pedirá contas de como empregamos todos os dias da vida, assim como também pedimos contas até do último centavo a quem confiamos nosso dinheiro? Movendo-se de um lado a outro, parando e fixando os olhares, continuava:

Que diremos e quais desculpas alegaremos, quando chegar nossa hora? É por vós que nasce o sol, a lua ilumina a noite e as estrelas brilham. Por vós ainda é que os ventos sopram, os rios correm, as sementes brotam e as plantas crescem. Por vós a natureza perfaz seu curso, o dia amanhece e a noite passa.

Tudo isso foi feito por vossa causa. Vós, porém, enquanto as criaturas vos servem, satisfazeis a cobiça do demônio e não pagais o aluguel dessa casa, que é o mundo, e que de Deus alugastes!

E não vos bastou a profanação de um dia? Quisestes ainda profanar o seguinte! Não bastou na sexta-feira ter ido ao circo? Tiveram ainda que ir ao teatro no sábado? Em vez de, por um instante descansar do mal realizado, enchestes novamente o teatro, como quem corresse da fumaça para o fogo, lançando-vos num abismo mais profundo! Anciãos desonraram seu clã, jovens aviltaram sua juventude, pais levaram consigo os filhos, atirando-os desde os tenros anos nos precipícios do mal, de modo que já não seria erro chamar de infanticidas tais pais que malvadamente levam as almas de seus filhos à perdição.

Em que consiste vossa maldade? Nisto: já não percebeis que estais errados. Nisto está precisamente minha dor! Aflijo-me porque não sentis vossa doença e assim não procurais remediá-la.

Cometeis adultério e me perguntais de que mal sofreis?

Não ouvistes a palavra de Cristo: "Todo aquele que olhar para uma mulher, cobiçando-a, já adulterou com ela no seu coração?"

– Mas que mal há nisso, se não olhamos para cobiçar? – perguntou um homem sentado ao fundo.

João respondeu-lhe:

– Como se essa objeção pudesse convencer-me! Quem não é capaz de privar-se do teatro e procura os espetáculos com tamanha paixão, como poderá estar purificado depois do espetáculo? Vosso corpo é por acaso de pedra ou de ferro? Sois de carne humana, que com facilidade é arrebatada pela paixão da concupiscência!

Aliás, por que falar em teatro, se já é o bastante encontrarmos uma mulher na rua para ficarmos perturbados? Vós, porém, ides ao teatro, onde tanta coisa incita à torpeza, vedes a mulher que entra no palco, de cabeça descoberta de maneira impudica, com roupas douradas e gestos voluptuosos, a cantar canções obscenas, a dizer as coisas mais sensuais que se possa imaginar, às quais vos inclinais para melhor prestar atenção, e vindes agora me dizer que nada sentis? Sois porventura de pedra ou de ferro? Não me cansarei de perguntar-vos: sois porventura mais sensatos do que os grandes e nobres varões que caíram somente com a visão do pecado?

Não conheceis as palavras de Salomão: "Pode caminhar alguém sobre brasas sem que seus pés se queimem? Pode alguém esconder fogo no seio sem que suas vestes se inflamem? Assim o que vai para junto da mulher do seu próximo". Pois mesmo que não vos juntásseis com a meretriz, já adulterastes com ela pelo desejo, já adulterastes no coração.

E isso, não somente enquanto dura, mas também após o espetáculo, visto que a figura da mulher se aninhou em vossa memória, como também suas atitudes, olhares, andares, danças e canções obscenas. Será com inúmeras lesões que tereis deixado o teatro.

Não é por acaso daí que se originam a destruição da vida familiar, o adultério, os divórcios, as inimizades e brigas, os desgostos da vida? Fascinados por aquela mulher, vós vos tornais seus escravos, de sorte que vossas esposas passam a parecer desagradáveis, vossos filhos importunos, vossos servos insuportáveis, vossa casa fastidiosa, vossas responsabilidades molestas e tudo o mais fica pesado e aborrecido.

A razão dessa mudança é que não voltais sozinhos para casa, mas acompanhados de uma meretriz, não abertamente – o que, aliás, seria mais tolerável, pois vossas esposas logo a expulsariam, – mas escondida em vossa mente, em vossa consciência, avivando lá dentro o fogo babilônico, o que é muito mais funesto, porque não é mecha, óleo ou peixe que alimentam tal fogo, mas são as palavras de mulher que provocam tal incêndio.

Assim como os que estão com febre, embora não tenham de que se queixarem quanto aos outros, tornam-se, pela moléstia, ásperos para com todos, recusando alimentar-se, vituperando os médicos e enfurecendo-se com os enfermeiros, do mesmo modo se alteram e se contrariam os que sofrem da terrível moléstia do adultério, em toda parte enxergando a meretriz.

O lobo, o leão, os animais fogem do caçador quando feridos. O homem, todavia, sendo racional, eis que persegue teimosamente aquela que o fere, expondo-se de boa vontade a ser atingido por suas flechas de modo mais perigoso e comprazendo-se na ferida!

É isso o mais doloroso e o que faz incurável a doença. Pois quem é que procura o médico, se não odeia a ferida nem deseja livrar-se dela? Aflige-me ver-vos sair assim tão lesados por um prazer de breve duração. Antes do Inferno pareceis querer antecipar aqui os piores castigos! Ou não é isto o que fazeis, fomentando tal paixão, deixando-vos arder e envolver com a chama de um absurdo amor?

Ainda assim, tendes coragem de transpor os umbrais da Casa de Deus e de tocar na Mesa celeste? Como escutareis os sermões sobre a continência, assim cobertos de chagas e com a mente de tal modo escravizada pelo vício?

Será preciso acrescentar algo ainda?

.*.*.*.

João silenciou e observou os semblantes dos ouvintes. As mulheres o olhavam com admiração e gratidão. Os homens, em sua maioria cabisbaixos, não conseguiam fitá-lo, desviando o olhar, arrependidos, envergonhados e entristecidos com o enxergar da realidade demonstrada cruamente pelo orador.

ASSIM FALAM OS SANTOS

E continuou, rompendo o silêncio com sua voz poderosa e persuasiva:

– Vejo, porém, que vos entristeceis pelo que ocorreu. Percebo que alguns se percutem em sinal de tristeza, enquanto estou falando, e fico-vos muito penhorado ao ver-vos assim compadecidos. Penso que muitos dos que não pecaram também se entristecem, afligindo-se pelas feridas dos irmãos. É por isso mesmo que tanta pena me dá a ideia de que a tal rebanho venha o mal arrebanhar!

Não digais: "São poucos os que foram roubados ao rebanho!" Pois mesmo que fossem apenas dez, a perda não seria insignificante. O Bom Pastor deixou as noventa e nove ovelhas e foi em busca de uma, não regressando senão quando a pôde reconduzir e completar o número desfalcado de seu rebanho.

Não deveis dizer que se trata-se de apenas uma! Pensai que se trata de uma alma, de algo que motivou a criação do mundo visível, a existência das leis, das disposições e dos inúmeros milagres das obras de Deus.

Pensai quão grande preço foi pago por cada pessoa. Não desprezeis sua salvação! Saí a sua procura, reconduzindo-a e convencendo-a a não mais cair no mesmo vício! Se, porém, o pecador não voltar, a despeito de meus conselhos, de vossas exortações, farei então uso do poder que Deus me deu, para a edificação e não para a vossa destruição.

Por isso advirto-vos e digo em alta e clara voz que se alguém, depois desta minha exortação e ensinamento, voltar à perniciosidade dos teatros, não o receberei dentro destas paredes, não lhe administrarei os sacramentos, não lhe permitirei que se aproxime da sagrada mesa. Assim como os pastores afastam das sãs as ovelhas infestadas de sarna, para não as contagiarem, da mesma forma o farei.

Outrora o leproso tinha de ficar fora do acampamento e mesmo sendo rei, perdia sua coroa. Muito mais nós faremos: baniremos fora deste recinto sagrado aquele que for leproso da alma!

Se no princípio usei de exortações e conselhos, posteriormente terei de recorrer à amputação.

Já faz um ano que governo vossa cidade e não deixei de continuamente vos exortar. Permanecendo alguns na corrupção, recorrerei à amputação.

Embora não tendo instrumento de ferro, tenho minha palavra mais cortante do que o ferro. Embora não use fogo, valho-me de uma doutrina mais ardente e comburente que o fogo.

Não desprezeis nossa advertência. Somos insignificantes e míseros, mas recebemos da divina graça uma dignidade que nos habilita a tais medidas.

Sejam expulsas, pois, tais pessoas, para que os sãos tenham uma saúde mais robusta ainda e os doentes se restabeleçam de sua grave moléstia.

Se estremecestes ao ouvir esta sentença – pois vejo que vos afligis e compungis – convertam-se os culpados e a sentença estará suspensa. Pois assim como recebi o poder de julgar, recebi o de absolver.

Não queremos esmagar nossos irmãos, mas apenas defender os fiéis do opróbrio. Sim, porque os pagãos e judeus riem de nós quando não nos importamos com os pecados, e, ao contrário, elogiam-nos e admiram a doutrina ao verem e respeitarem nossa disciplina.

Portanto, quem quiser continuar na vida impura não

venha aqui se fazer de puro perante vós. Mas seja censurado, seja nosso inimigo comum. "Se alguém não obedecer ao que ordenamos por carta, observai-o e não tenhais relações com ele". Fazei assim, não converseis com tal pessoa, não a recebais em casa, não comais com ela, evitai sua companhia nas viagens, passeios e negócios. Desta maneira será reconquistada com facilidade.

Assim como os caçadores costumam acossar de todos os lados as feras mais difíceis, também encurralemos os transviados, nós de um lado, vós de outro, e em pouco tempo os apanharemos nas redes da salvação.

~ Para isso indignai-vos, juntamente comigo, também vós. Condoei-vos, por amor às leis de Deus e separai do convívio os doentes e transgressores, a fim de recuperá-los para sempre. Não seria pequeno vosso pecado se negligenciásseis proceder assim; ficaríeis réus de grave castigo. Se já na vida civil não se pune somente o empregado apanhado em roubo de ouro ou prata, mas também se punem os que, estando a par do crime, não o denunciaram, muito mais no santuário.

Deus mesmo vos dirá: *"Como pudestes silenciar, vendo que se tira de minha casa, não ouro ou prata, mas a observância? Como pudestes silenciar vendo que alguém, após receber meu precioso corpo e participar do Sacrifício, encaminha-se para tão grande erro? Como silenciastes e suportastes isso? Como não o denunciastes ao sacerdote, para escapardes de castigos não leves?*

Assim também eu, embora com tristeza, não pouparei a nenhum dos que me são caros! Antes vos afligir agora e resguardar-vos da condenação futura do que vos agradar e ser depois castigado convosco.

Suportar em silêncio tal corrupção seria imprudência e perigo, pois se cada um de nós tem de prestar contas de seus atos, eu sou responsável pela salvação de todos.

Não me calarei, pois, e farei até o impossível, mesmo com o risco de vos afligir, de parecer molesto e desagradável, para que possa apresentar-me sem mácula nem ruga diante do terrível tribunal.

Oxalá os que pecaram convertam-se, pela prece dos que os amam, e os que se mantiverem ilesos cresçam em brilho e observância, para assim conseguirdes vós a salvação, nós a alegria- e ser Deus glorificado agora e sempre...[28]"

Após tais palavras, a multidão que se mantivera em total silêncio entoou a prece final. Logo foram se retirando um por um.

Alguns subiram até o altar, parabenizaram e agradeceram a João.

Olímpia aproximou-se com suas amigas e disse a João:

– Não foste duro demais?

João respondeu calmamente:

– Aguarda alguns dias e verás o povo indo outras vezes aos espetáculos. Mesmo que o bispo prepare longamente seus sermões, na hora em que percebe algum movimento entre o povo, alguma coisa que lhe toque a alma, alguma ovelha desgarrada do seu rebanho, ele abandona seu esquema, faz as grandes digressões e atinge sua gente, lá onde ela quer esconder-se, onde suspira por uma palavra redentora.

.*.*.*.

João lia na vida do povo a vontade de Deus, transmitindo-lhe sempre nova alma. De sua solidão, apenas Deus e Olímpia faziam parte. Uma cristalina e fraterna amizade germinava entre eles.

---

[28] Coleção "Homilias" de João Crisóstomo

AMOR PROIBIDO

Apenas Olímpia o compreendia. Também é preciso dizer que João não compreendeu muitas situações. Apesar do intenso e profundo amor ao povo, sobretudo aos pobres, apresentou sempre o ideal do monge como o objetivo da vida cristã. Era austero, reto e imperturbável. Profundo conhecedor das forças adormecidas no homem, quis acordá-las para melhorar a qualidade de vida. E por isso queria que todos fossem igualmente austeros, retos e imperturbáveis. Mas encontrou em sua frente uma sociedade de consumo levianamente esbanjadora.

Dessa sociedade fora vítima, mas depois transformou-se em profeta, dedicando-se a ela.

Nilo havia-se casado e se tornara um alto oficial na corte imperial de Constantinopla e um discípulo de João, logo que o reconheceu do acidente na caverna. Relatava-lhe as intrigas da imperatriz em relação a ele. Não suportando ficar sob os serviços imperiais e vendo como era agradável ao espírito viver em oração, Nilo retirou-se com seu filho Tódulo para o monte Sinai, onde levou vida monástica.

Uma das virgens gostava de atravessar a ala masculina e tecer brincadeiras com o bispo. João não a repreendia, pois via nela as atitudes de uma criança que inocentemente brinca com quem considera seu pai.

Enquanto almoçava sozinho na copa, ela tencionou enganá-lo. Quando ele foi levar o vinho à boca, ela chegou por detrás e, tomando-lhe da mão a taça, sorveu o vinho.

Olímpia apareceu e, vendo a ousadia da menina, repreendeu-a severamente.

Mas enquanto a repreendia, a jovem caiu ao chão e começou a retorcer-se gemendo de dor.

João apressou-se em acudi-la. Desconfiado, observou atentamente a taça de vinho e percebeu que do pouco que restava sedimentou-se um pó escuro.

Não havia dúvidas: alguém tentara envená-lo, o que culminou na morte da inocente donzela.

Os oficiais foram chamados e estabeleceu-se uma investigação para descobrir o culpado. Meses se passaram e nenhuma pista ou suspeito foi encontrado, terminando, por fim, esquecido o caso. No entanto, a partir daquele dia, Olímpia passou a vigiar a comida, as roupas e até o sono de João. Apenas sossegava quando tinha a certeza de que ele estava fora de perigo.

Colocaram guardas nas portas e reforçaram a segurança.

João considerou tudo isso um exagero. Mas Olímpia não escondia sua excessiva preocupação, a ponto de Cáritas chamá-la e dizer-lhe individualmente:

– Longe de mim ser injusta, mas estás gerando comentários. Já dizem que tu, uma mulher comum, amas João e ele também te ama.

Olímpia assustou-se:

– Não pode ser. Sei que estás enganada, é apenas um amor espiritual. O mesmo que existia entre os discípulos de Jesus.

Cáritas riu soltamente e mais uma vez falou:

– Estás cega. Duvidas do testemunho de teus próprios olhos? Só uma mulher tola não veria como ele se esforça, como homem, para não te olhar.

Olímpia ouvia tudo e não queria acreditar:

– Não é verdade! É impossível! E saiu correndo, indo chorar em seu quarto.

Algumas semanas se passaram após o acontecido.

Era alta hora da noite, quando, após a celebração, a lua demorava a sair. João havia-se colocado na sacada e enquanto lapidava com um pequeno martelo uma espécie de cruz em ouro, observava as estrelas.

Olímpia também estava sem sono e ousou aproximar-se de João, perguntando-lhe:

– João, por que estás tão melancólico e pensativo?

Despertando de seus pensamentos, o bispo alegrou-se ao vê-la e disse:

– Oh! Aproxima-te, tenho algo para ti.

Após concluir o trabalho da cruz, João pendurou-a num cordão dourado. Então, percebendo que se tomara um belo medalhão, tomou a liberdade de colocá-lo no pescoço de Olímpia, a qual não ofereceu resistência. Então ele disse:

– É teu. Um modesto presente.

Olímpia se surpreendeu e, olhando o objeto, falou:

– Oh! É lindo, e como brilha! Parece a cruz de meu Senhor Jesus Cristo.

– Minha querida, és generosa, esta cruz está longe de tamanho significado – disse João, voltando a observar o céu estrelado. – Vê como brilham as estrelas. A cada dia mais admiro a infinita criação divina. O que vês?

Olímpia posicionou-se na sacada e, mirando o céu, respondeu:

– Vejo estrelas, uma imensidão delas e, como dizem, o majestoso firmamento.

– O que mais?

– Também vejo a Misericórdia Divina, permitindo que possamos estar aqui sem que nada caia em nossas cabeças e nos destrua a todos.

Ambos riram. Mas João logo voltou a ficar melancólico.

– Perdoa-me – disse Olímpia, voltando à seriedade, – não tive a intenção de zombar de tuas mais sagradas reflexões. Na verdade, acredito que os homens não procuram viver entre si como o Criador desejara. Quem não sabe conviver entre os homens, certamente não está suficientemente apto para uma convivência entre anjos, arcanjos e querubins. Muito menos, não perceberia nem um pouco da grandeza do Pai que todos criou, em seu infinito e indescritível amor, num momento em que deixou de estar só, em sua incompreendida e maravilhosa solidão, para compartilhar seu infinito gozo de perfeição com a obra de seu Amor.

– Então, fechemos nossos olhos – disse João admirado pela beleza da noite, de Olímpia e de suas palavras cheias de sabedoria. – Não olhes para o véu negro e cintilante que se faz diante de ti. Sente apenas. Contempla o infinito. Esquece os sentidos, tenta esquecer o que acontece fora de ti. Ouve somente o que acontece dentro de ti.

Um profundo silêncio se fez. Então, rompendo o silêncio, João disse:

– O que vês?

– Uma sensação suave – disse ela num alvo sorriso, – uma leveza agradável, algo como se estivesse no ar, um bem estar, eu sinto...

– O que sentes? – Eles ainda estavam com os olhos fechados. Mas, ela estava tão próxima, que podia sentir o hálito dele. As ondas de calor que cada um emitia os faziam leves, quase podiam ouvir o palpitar acelerado de seus corações.

Olímpia sussurrou docemente:

– O que sinto? Sim, é uma afeição profunda por...

– Continua!

– Eu sinto... um imenso... amor... por...

Olímpia há muito ansiava por falar de seus sentimentos, mas sua consciência jamais permitiria revelar seu amor àquele que fazia parte de todos os seus pensamentos, pois poderia pôr em risco a missão dele, que era atender os pobres, os necessitados, mantendo sempre as características do Cristo, o doutrinador, aquele que entregara sua vida para a remissão das almas perdidas. Sim, pensou ela, haveria de conter-se, em nome do amor às criaturas pequeninas.

– Por quem? – insistiu ele.

– Por... Jesus – disse de repente, abrindo os olhos.

João, envolvido por um sentimento indizível, não se conteve e, com a face ruborizada, secou as lágrimas que lhe brotavam dos olhos. Ao abri-los, percebeu que Olímpia estava especialmente bela e reluzente. Seu rosto também estava banhado em copiosas lágrimas. Ela distanciou-se e, secando o rosto, disse com voz embargada:

– Perdoa-me mais uma vez. – E disfarçou o vivo rubor que lhe cobriu a face. – É melhor entrarmos, já é tarde. Afinal, o que vão dizer, se nos virem aqui a esta hora?

– Não te importes com o que dizem; importa-te com o que Deus sabe. De qualquer forma, não adianta lutarmos, todos os pensamentos e sentimentos ficam registrados no infinito de nossas existências.

Olímpia tomou a iniciativa de sair primeiro. Então, João ainda falou:

– O sermão que fiz domingo não foi para o povo, mas para mim mesmo.

Ela apenas olhou-o de longe e meneou a cabeça, discordando.

Cada um tomou o caminho de seus aposentos em um silêncio constrangedor, porém agradável e palpitante.

Sem que percebessem, olhos atentos e perigosos se escondiam por detrás das cortinas, a tudo ouvindo e tirando suas próprias e maldosas conclusões. Cirilo observava aquela cena de amor espiritual, sublime, diferente de tudo o que sua pérfida mente poderia jamais imaginar ou aspirar.

Pesaroso, Cirilo foi ter com Alexandre, no palácio, caminhando a passos vagarosos, como se já estivesse desistindo de lutar contra forças protetoras tão poderosas.

Olímpia não imaginava que Cirilo, por amá-la, desenvolvera um sentimento paralelo e oposto: odiava João, por representar ele o ideal dos sonhos de sua idolatrada Olímpia.

Cirilo havia-se unido ao irmão Alexandre, para, através da magia, conseguir seu intento. Seus sentimentos, que antes eram de carinho por sua senhora, agora se transformavam em possessão, pois ela não mais passava horas em aventuras ao seu lado, ele não era mais seu confidente, mas o bispo, que além de atrair a atenção de todo o povo, ainda atraía para si sua amada Olímpia.

Ele haveria de se vingar. Tentando fugir da depressão, começou a usar das plantas que roubava de Alexandre, o que causava sua infelicidade, pois já não raciocinava direito sob o efeito do ópio e de outras ervas alucinógenas. Alexandre, apesar de sua arguta intuição, não percebeu que Cirilo poderia ir mais longe.

Um dia, decidido a conter as loucuras do irmão, Alexandre chamou-o para conversar. Longe de terem uma palestra pacífica, começaram a discutir. Cirilo se tornava a cada dia mais irritado. Andando nervosamente de um lado a outro, dizia:

– Não te intrometas. Se necessário for, atearei fogo no Templo, no palácio ou em qualquer lugar onde vivam tais miseráveis que roubaram de mim o que é meu.

O mago falou ferozmente:

– Ah, louco. Tu e esta admiração platônica! Bem sabes ser impossível amar Olímpia completamente. Por que insistes em lutar contra o que o destino te reservou?

Cirilo crispou as mãos de raiva e, caminhando febrilmente de um lado a outro, falou:

– Meu amor por ela é maior que o que tenho por minha própria vida.

– Então, prepara-te, pois os Oráculos podem prever acontecimentos, mas a ação dos deuses e a mão do homem é que fazem o destino. E tu, meu irmão, cavas com teu ódio tua sepultura. No entanto, advirto-te que nada poderás contra o bispo nem contra o Templo, pois eles estão bem guardados por almas nobres.

– Dá-me as poções! Ou terei de roubá-las novamente?

– Não te darei, se não souber o destino.

Cirilo saiu com uma expressão enraivecida. Sabendo as características de tais plantas, passou a procurá-las por conta própria nas vegetações próximas.

Outros inimigos de João espreitavam uma oportunidade para enviá-lo para longe dali. Da mesma forma que o bem desnuda o mal camuflado e a água remove as mais incrustadas imundícies, os ocultos inimigos de João tramavam contra ele e os seus amados.

PERSEGUIDORES E PERSEGUIÇÕES

João estava pregando na Sé, quando, de repente, gritos e músicas encobriram sua voz. Naquele exato momento, nas vizinhanças da Cátedra, era inaugurada uma estátua de ouro da Imperatriz.

João sempre fazia sermões, falando claramente do comportamento vulgar da imperatriz, que deveria ser nobre e dar o bom exemplo às mulheres do povo. Na verdade, Gregório de Nissa antes de desencarnar, havia suposto que Eudóxia era a reencarnação de Herodíades e ele, João, a de João Batista. Tal notícia se espalhou pela cidade.

Tendo conhecimento deste comentário, Eudóxia tencionava substituir João, exilá-lo ou, se tivesse oportunidade, matá-lo, bem como a qualquer pessoa que insinuasse tal fato. Naquela tarde, quando a imperatriz inaugurava uma estátua de si mesma em prata maciça, o povo se reuniu para comer e beber à vontade.

No entanto, João não pode conceber tal manifestação de egoísmo e orgulho, bem como de desdém à fome e miséria de tantos que poderiam estar agasalhados no inverno e alimentados com o que fora gasto para fazer uma estátua. João aproximou-se do povo. A multidão cabisbaixa foi-se abrindo.

De longe, João quase gritava, olhando na direção da Imperatriz:

– Herodíades está de novo em seu furor! Igual a Salomé,

ela dança novamente!

Ouvindo isso, Eudóxia, consternada, falou em voz alta ao imperador, seu esposo:

– Não fazes nada? Ele ofende-me; ordena que o prendam!

Arcádio, no entanto, inferiu:

– Não é conveniente prendê-lo. É o bispo da cidade, é amado e respeitado pelo povo.

João, ouvindo o que ela havia dito, ainda completou:

– Torna a reclamar sobre um prato a cabeça de João!

A imperatriz mais uma vez não gostou do exórdio violento. Retirou-se com seus convidados e mandou recolher a comida que iria distribuir ao povo. O que era festa virou revolta. O povo ficou enraivecido.

No entanto, ao entrar furiosa palácio adentro, começou a tramar não somente contra ele, mas contra qualquer ideia reencarnacionista. Chamou o guarda da porta e ordenou:

– Quero falar hoje mesmo com o bispo de Alexandria. Sei que está na cidade.

Não demorou e Teófilo se apresentou reverente. Vendo-o, a imperatriz falou:

– Não ficou estabelecido que a transmigração das almas ou o simples pronunciar da palavra reencarnação se tornaria um assunto proibido e herético?

– Sim, Majestade.

– Pois bem. Aquele insolente! Ah, como o odeio! – falou a mulher, crispando as mãos. – João, o bispo de nada, ousa lançar-me às faces minha desdita. Quem ele pensa que é?

– Não sei de que se trata – disse Teófilo, – mas farei o que for preciso para calar a boca de João. Assim, estarei satisfeito. Dize, e teu desejo será imediatamente realizado.

– É bastante simples. Ele insiste em dizer que sou a reencarnação de Herodíades.

– Será que foste de verdade, minha rainha? – perguntou irônico o bispo.

– Se fui, que tens tu e ele com isso? Se for necessário, não hesitarei em decapitá-lo uma segunda vez – falou, caminhando nervosamente de um lado a outro.

Por um momento refletiu melhor e, reiterando as próprias palavras, continuou:

– O povo todo ri de mim. Que devo fazer? Como sepultar da memória do povo tais ideias?

– Não deves te preocupar, Majestade – disse o bispo. Hoje mesmo estarei reunido com o imperador e o clero, e será o fim de João e de qualquer seguidor de Orígenes.

– Ah! Não contes com o imperador, é um tolo. Teme o povo.

– Então procurarei outras formas, bondosa senhora.

– Assim espero. Agora podes ir. Minha cabeça dói. Deixa-me só.

Durante um mês, uma paz perigosamente silenciosa pairou sobre Constantinopla. As mentes argutas preparavam seus sinistros planos. Inclusive Cirilo.

Naquela noite de verão, Cirilo planejou mais uma vez contra a vida de João. Seus olhos destilavam fogo ao ver Olímpia admirando o bispo. Em sua mente não podia conceber que ela, não na condição de mulher, mas na condição de irmã espiritual, nutrisse amor por João. Se bem que às vezes soluçasse em silêncio, em seu quarto.

O veneno que preparara com as ervas roubadas de Alexandre seria certeiro. Desta vez teria a certeza de que ninguém interromperia seu plano. Mas temia que Olímpia desencarnasse em lugar de João, pois ela experimentava todo alimento às escondidas, antes de o levar a ele. Certamente, conhecendo-se o gênio de João, não lhe agradava o fato de ser poupado às custas da morte de outro, quanto mais dela, que tanto admirava.

Cirilo preparou a dose mortal. Misturada ao azeite, pediu permissão a Olímpia, pois queria ajudá-la a servir o bispo, para ter certeza de que nada sairia errado.

Ela relutou:

– Não insistas, Cirilo; ele gosta de tomar refeição sozinho.

Neste momento, João estava passando em direção à copa e os viu:

– Vinde comigo, sentai e comei comigo.

– Oh, não obrigada!

Ela sabia que muitas vezes ele tinha rogado aos padres que o deixassem sozinho no momento das refeições. Mas naquele momento ele insistiu:

– Por gentileza, rogo-vos, fazei-me companhia. Comentemos sobre a inauguração do hospital ao norte da cidade.

– Sim – animou-se Olímpia. – É claro que precisa de alguns mantimentos, roupas e voluntários, mas isso não é problema.

Olímpia se sentia bem ao lado de João. Em suas obras, em seus serviços, em tudo havia vida. Sentaram-se à mesa, e Olímpia, enquanto o servia, perguntou:

– Sabes tudo sobre Jesus?

– Não posso dizer que sei, mas podes fazer perguntas. O que desejas saber?

– Hum! Deixa-me ver... Sim! Quem foi o primeiro discípulo de Jesus?

– Esta é fácil. Foi André, irmão de Simão Pedro.

– Ah! Esta tu não saberás.

– Pergunta!

– Quando o mestre encontrou Felipe, disse-lhe que viu o que ele fazia debaixo da figueira. O que Felipe fazia?

– Ah! Isso somente o mestre sabia. Eu não sei.

Ambos riram, estavam tranquilos e alegres, mas não estavam felizes. As armadilhas do amor terreno os entrelaçavam. Tornavam-se pouco a pouco, vítimas da paixão.

De repente, João terminou de comer, tomou o vinho e logo se empalideceu, apertando o próprio estômago com as mãos. Então estendeu a mão para ela e caiu desacordado.

– Meu Deus do céu! João, o que tens?

Olímpia desesperou-se e, chamando-o várias vezes, não conseguia compreender o que se passava. Gritou por Cáritas.

Cirilo também apareceu, simulando preocupação. Olhava para o moribundo e dizia com ares de certeza:

– Está morto!

Olímpia, banhada em lágrimas, asseverava:

– Cala-te, louco! Está apenas desmaiado. Chame Cáritas, imediatamente.

Ele saiu em disparada e logo que a encontrou disse:

– João está morto. Não há nada que se possa fazer.

– O quê? Jesus Cristo! Onde? Como?

– Com minha senhora na copa! – E, segurando-a, ele completou: – Não adianta, já está morto.

No entanto, ela soltou-se bruscamente e correu para lá.

– Meu Deus! O que houve, irmã? – disse Cáritas, ajoelhando-se.

Olímpia tinha-o com a cabeça em seu colo. Chorava copiosamente, enquanto dizia entre os soluços:

– Cáritas, sei de teus dons, pois já te vi curar muitas vezes. Agora mais que nunca, preciso de ti. Em nome de Deus, tem misericórdia. Não sei o que aconteceu. Ele colocou as mãos no estômago e caiu desmaiado. Pode ter sido envenenado. Creio em ti, pois sei que tu és santa.

– Tem calma, Olímpia. És mais feliz que Tomé, pois crês. Vamos orar.

Cáritas ajoelhou-se, tomou a pequena cruz de madeira talhada que tinha pendurada a um cordão, uniu as mãos e, numa atitude profundamente concentrada, começou a orar fervorosamente.

Levantou a mão direita e pondo-a sobre a fronte de João agradeceu, louvou, pediu e continuou entoando palavras suplicantes. A seguir, dirigiu as mãos sobre a região gástrica do enfermo e com movimentos lentos no ar continuou orando. As gotas de suor começaram a cair de seu rosto. Beijava o crucifixo e continuava orando e suplicando:

– Senhor Jesus, que dissestes aos vossos apóstolos a respeito da fé que remove montanhas, dignai-vos vir agora em auxílio de vosso servo. Tende misericórdia, Pai querido, não somos dignos de tocar em vosso nome, mas socorrei-nos. Tende piedade de nossas fraquezas, fortalecei-nos na fé. Deus todo poderoso, sois soberano, bom e justo, a vós nada é impossível, não leveis um santo homem antes que chegue a hora. Não sabemos nós a hora certa, nem gostaríamos que fosse feita nossa vontade, mas em nome de Jesus nós vos rogamos: dai-nos um sinal, levantai mais uma vez nosso santo bispo, para honra e glória do vosso nome! Em nome de Jesus, da Virgem Santíssima, do Espírito Santo, tende piedade de nós, não nos relegueis à orfandade, deixai-o conosco...

Olímpia, banhada em lágrimas, tinha as mãos unidas sobre os lábios enquanto orava fervorosamente.

Cirilo tinha os olhos cintilantes de ódio diante daquela situação. Já havia visto Cáritas curar várias enfermidades pequenas, mas suspeitava que a dose colocada no azeite fora fatal.

Outros membros do clero se aproximaram e ajoelhados se puseram também a orar em um só coro.

Nesses instantes cruciais, parecia que um século se passava. Cáritas e Olímpia não paravam de orar, trêmulas, apavoradas.

De repente, João moveu as pálpebras. Todos se distanciaram espantados.

– Graças ao bom Deus! Estás vivo! Deus seja louvado. Olímpia chorava e ria, ao mesmo tempo que beijava as mãos dele.

Cáritas dispendeu muitas forças e quase desmaiou. As viúvas a levaram para seu quarto e cuidaram dela até que ela se restabelecesse. Logo que descansou, apenas fez um pedido: que tal acontecimento não fosse divulgado. Segundo ela, não era digna de tais dons. Mas a notícia já havia corrido.

Todas as noites, após as preces vespertinas, João e Olímpia estavam novamente unidos no terraço. Ambos temiam que se perdessem um do outro. No entanto, não se aproximavam o bastante. O amor de um pelo outro era transmudado em amor a Cristo e ao próximo.

Naquela noite, falavam sobre as cruéis perseguições aos hereges e pagãos. Cáritas a havia advertido sobre os comentários entre o clero a respeito das longas horas que passavam juntos, ela e o bispo. Porém, eles nada temiam senão a si mesmos.

Olímpia confessou discreta e indiretamente a João a respeito do amor espiritual que sentia, bem como do temor a respeito das consequências:

– Haveremos de resistir, pois quem condena e persegue criaturas cristãs, pagãs ou bárbaras não é cristão. O próprio Cristo o disse: "Nisto conhecerão todos que sois meus discípulos: se tiverdes amor uns aos outros". Mas o vício humano torceu tudo. Hoje, se duas criaturas se aborrecem, se uma fala mal da outra, se uma denigre a fama ou faz restrições a outros, todos consideram isso normal e natural. No entanto, se um ama outro, está armado o escândalo. Se um sacerdote ataca violentamente e calunia um pagão, todos o aplaudem. Mas se começa a amar uma mulher, imediatamente, dizem todos "caiu do pedestal!" Todos compreendem e justificam o ódio, as competições, as críticas, as acusações, até as calúnias. Mas o amor, não! Ninguém compreende o amor.

João, olhando-a com ternura, respondeu:

– Trata-se do amor que está acima e que é mais importante e mais valioso que o dom das línguas humanas e angelicais, acima dos mistérios, acima da própria fé, que remove montanhas, acima da caridade mais generosa e sacrificial.

E continuou como se estivesse entoando um poema num tom de voz totalmente diferente do que utilizava nos severos sermões de domingo:

– Amar é tornar imensa a insignificante alma; é ser o próprio bem. Quem ama não sente inveja, nem mesmo ciúme, não é vaidoso pelo sentimento grandioso que sente, nem busca glória. Quem ama sabe agir de conformidade com a ocasião e não se magoa com o ser amado, pois não busca os próprios interesses. A dor do próximo é sua dor, vê no próximo sempre o bem e a verdade; prefere ser magoado a magoar; cala diante do sofrimento e espera com paciência, perdoando e amando.

É um amor infinito, muito maior que a fé, sem exigências, sem preconceitos nem interesses. Nada pede em troca, está sempre alegre, doando sempre sem exigir recompensas, pois o amor é a própria recompensa.

Olímpia estava reluzente, seus olhos não poderiam desmentir seus sentimentos.

Nesse momento, ela retirou a mão do parapeito em que se apoiava e lentamente colocou-a sobre a mão de João.

Há quanto tempo ele desejara um toque, não o toque das fiéis que lhe beijavam a destra de sacerdote, mas daquela que amava muito mais que como filha espiritual. No entanto, era para ele um sofrimento, pois para suportar tais angústias quase morrera de jejuar no deserto.

Num ímpeto e sem pensar percebeu que deveria reprimir qualquer manifestação humana de carinho, mesmo que desejasse profundamente sentir o calor de sua pele aveludada, seu cheiro natural e agradabilíssimo.

Num gesto brusco, ele imediatamente retirou a sua mão e disse:

– Não despertes em mim uma fera há muito controlada, subjugada e adormecida!

– Perdoa-me, não tive a intenção... – disse Olímpia assustada.

– Não me toques jamais. Haverias de proporcionar-me um tormento indizível. Tu és mulher, e muito cara a mim, e não és capaz de imaginar as torturas as quais passa um celibatário para manter-se digno de ser chamado pelo Senhor para tarefas mais nobres. Se a justiça humana condena o homem comum por deslizes, quanto mais condenará o sacerdote.

– Perdoa-me, não quis tentá-lo.

João acalmou-se:

– Bem-aventurado o varão que sofre a tentação; porque, quando for provado, receberá a coroa da vida, a qual o Senhor tem prometido aos que o amam. Deus não tenta ninguém, mas o mal, sim.

Olímpia teve a certeza de que não sofria sozinha. Entregou-se mais ativamente às mortificações. Muitas vezes se olhavam com olhares disfarçados, mas sempre mantiveram correta distância.

A única maneira que encontravam para suprimir as forças físicas era o jejum e as orações.

Após os trabalhos diurnos em assistência às famílias pobres, eles se retiravam para orar. Foram inúmeros os encontros que tiveram a sós para orarem diante da cruz sagrada.

Começavam orando de pé, horas depois estavam ajoelhados, e ao final do dia podiam ser vistos com os rostos colados ao chão, orando, banhados em lágrimas, sem jamais se tocarem.

SANTO OU HEREGE

Passaram-se alguns anos. Tanto Olímpia quanto João adquiriam a fisionomia dos ascetas, devido ao castigo que afligiam ao próprio corpo como penitência. Tinham o rosto descarnado, os olhos brilhantes, o caminhar lento, mas a mente arguta e as frases certeiras. A cada dia, os sermões de João se tornavam mais emocionantes. E o povo o amava.

Não poderiam deixar-se levar pelas tentações. Olímpia a cada dia mais se tornava reclusa e sofria na intenção de não causar mais angústia em seu bispo. Temia ser a causadora da queda de ambos e se acusava de ser a Eva daquele paraíso. Não queria comprovar a absurda afirmação de alguns do clero que diziam ser a mulher a raiz de todo pecado.

Certa manhã, Olímpia acordou e não encontrou mais o medalhão em seu colo. Procurou por todos os lugares, mas, não querendo despertar comentários, silenciou. Mesmo assim, continuou a procurá-lo: se alguém o havia roubado, poderia roubar outros objetos. Ficaria atenta.

João atraía a fúria dos descontentes, e isso foi um tormento para Olímpia. Seus inimigos não repousavam.

Um deles, Teófilo, bispo de Alexandria, nunca perdoou a João por ter-lhe arrebatado a Cátedra de Constantinopla. Ocasião para a vingança não faltaria. Quando os monges de Nítria, favoráveis a Orígenes, foram aceitos à comunhão da Igreja por João, Epifânio, auxiliado por Cirilo, que lhe relatava todos os acontecimentos, imediatamente informou a Teófilo. Este considerou chegada a hora.

Eudóxia também não estava contente com João por causa de

suas críticas. A imperatriz, mulher ambiciosa e intolerante, encabeçou um movimento contra o patriarca João, exigindo o exílio dele. Reuniu, no próprio território dele, um Sínodo, chamado de Carvalho, na Calcedônia, em que trinta e seis bispos, por um processo tortuoso, pretendiam depor João, apresentando vinte e nove motivos.

Os seguidores de Orígenes, sendo perseguidos por Teófilo de Alexandria, uniram-se a João, que não gostava de contendas, mas zelava por todos que buscavam sua proteção.

A mente de Teófilo era dominada por pensamentos de sangue, ódio e homicídio. Unido a Eudóxia, ambos se tomaram indestrutíveis. Conseguiram organizar um julgamento ilegal, a fim de condenar João, sem que o povo pudesse interferir.

Levado à força, amordaçado e encapuzado, João não pôde se defender. Ao chegar a uma sala mal iluminada, viu a face de seus acusadores e perguntou:

– De que me acusais?

Teófilo aproximou-se com arrogância e disse-lhe:

– Aquele que protege um herege, deve sofrer como um herege.

E João respondeu, olhando para o grupo:

– Vós sois um covil, ou melhor, um bando de hipócritas. Pensam que não sei os motivos escusos pelos quais me condenam. Pois vos digo que o primeiro é a inveja, o mais vil dos sentimentos humanos; o segundo, o egoísmo, cuja raiz dá origem a todos os males. Bem sabeis dos adultérios praticados por vossa imperatriz, vossa e não minha, sabeis de suas orgias feitas às custas da fome do povo. E quando ela percebe que há comentários na corte, visita os pobres e miseráveis vestida como rainha, para humilhar mais ainda os pobres santos. Não sei se o imperador Arcádio agiu bem em não ter feito o mesmo que Constantino fez, quero dizer, ter decapitado o amante de sua esposa adúltera, antes de a ter matado no banho. Repito que ela vale menos que uma prostituta...

– Silêncio! – gritou o guarda, esbofeteando João.

Teófilo concluiu:

– Tuas últimas e ousadas palavras te condenaram. Foste condenado por lesa-majestade, por imoralidade, por ofensas contra a Igreja, por aderir às teorias de reencarnacionistas, seguidores de

Orígenes, e por alta traição.

Eudóxia ordenou veemente:

– Que se faça justiça santa. Deve ser banido para sempre.

Unidos, Teófilo e Eudóxia conseguiram do imperador, que era um fraco nas mãos da esposa astuta, a assinatura para expulsar João da sede de Constantinopla e colocar em seu lugar Ático, protegido de Teófilo. Os adversários conseguiram afinal do Imperador, homem fraco e manipulável, o decreto do exílio.

Logo que as tropas o rodearam, João disse:

– Não é necessário que me leveis como um assassino, pois não o sou. Irei com minhas próprias pernas. Antes, porém, tenho o direito de recorrer a Roma para dizer de minha inocência. Daí-me alguns dias. Se não obtiver resposta, podereis prender-me.

– Nada adiantará, bispo. Constantinopla é mais que Roma – respondeu Teófilo.

– Isso nós veremos!

E saiu.

No entanto, já se haviam preparado para esta ação. O mensageiro jamais chegou até Roma, e o Papa não pôde defendê-lo. Somente soube o acontecido muitos dias depois.

Eudóxia não hesitou e ordenou aos guardas:

– Levem-no vivo ou morto, mas quero este homem longe de minha corte.

Na noite da Páscoa, preparava-se, junto com seus Padres, para ministrar o sacramento da Crisma a mais de três mil catecúmenos. Foi impedido pelas armas. Pouco faltou para que fosse assassinado.

– Para onde estais me levando? – perguntou.

– Serás conduzido a Cocusa – disse o oficial.

Olímpia e todos da Sé não acreditavam que isso estivesse acontecendo. Ela recorreu à imperatriz e implorou que pudesse pelo menos se despedir dele.

– Como Elias orou a Deus e o fogo do Céu desceu, da mesma forma, o fogo do Céu descerá a esta casa se o bispo for prejudicado.

– Ousas ameaçar o império? Não creio que tuas riquezas te deem poder como outrora.

Olímpia rogou:

– Não te ameaço, Majestade; apenas te peço que ponderes tuas decisões. Todos os imperadores injustos tiveram seu fim trágico, juntamente com suas imperatrizes imprudentes.

– Minhas decisões não te dizem respeito – ironizou. – Sai, imediatamente!

Olímpia aproximou-se e falou, comovida:

– Não passou pela Sé maior pregador que João, talvez nem mesmo por todo o império. É um homem de firmeza inabalável, de grande amor à Igreja e aos pobres. É conhecido como incentivador dos estudos da Bíblia, da retórica, da comunicação. É contínua a sua atenção aos problemas sociais e aos pobres.

– Não me interesso por tais estudos, muito menos pelos pobres – disse Eudóxia.

Olímpia insistiu:

– Seus sermões são de um realismo fantástico e seu amor à situação concreta supera de longe o patético, o esplendor e a abundância das imagens. Tudo é vivo, tudo brota do coração e da análise das situações. Ninguém, na Grécia ou no Oriente, fez tanto quanto ele. Tudo isso em meio à vida agitada e num espaço tão curto de tempo.

– Ora – falou a imperatriz, visivelmente irritada, – João é um ingrato e desaforado. Jamais respeitou a autoridade imperial ou o clero. É um insensato, por isso merece morrer.

– João nunca foi especulativo – prosseguiu Olímpia. – Chegou mesmo a temer a Filosofia, o último reduto do paganismo. É um gigante, sempre foi reservado e frio para estranhos, mas bom e afetuoso para os íntimos. Verdadeiro diretor de consciências. Sabe guardar a medida exata, sobretudo como escritor. Coloca o homem no centro de todas as suas atividades.

Olímpia não desistiu e mais uma vez tentou explicar.

– Majestade, João não vive de debates dogmáticos. O que dizem são especulações.

– Guardas, livrem-me desta mulher. Não voltarei atrás em minhas decisões – disse Eudóxia.

– Então, permite que meu grupo se despeça dele – implorou Olímpia já sendo quase arrastada pelos dois guardas.

– Pois bem. Levai-a com o grupo até o exilado – ordenou.

Olímpia foi junto com as diaconisas, as outras viúvas e as virgens. Enquanto isso, Cirilo tencionou dar a sua última punhalada.

– Não posso permitir que ela influencie na soltura deste pérfido bispo. Pensarei e terei alguma ideia brilhante.

Olímpia prostrou-se aos pés de João, logo que o viu, e, abraçando-se às suas pernas, chorou copiosamente.

– És bem-aventurada. Contém-te!

Ela nada dizia, apenas chorava. A hora havia chegado.

Os guardas avisaram: ou ela se retirava dali, ou seria presa junto a ele.

– Sim, imploro que possa ir junto. Sou igualmente condenada.

Mas eles disseram:

– Não há nenhuma acusação contra ti, mulher. Sai, ou te tiraremos à força.

– Então vos darei um motivo – disse Olímpia cerrando o punho e olhando fixamente para o guarda.

João a segurou, dizendo:

– Vai, irmã de minha alma! Não permitas que eu sofra mais ainda. Cristo ama-te profundamente. Nada nos separará.

– Não – disse Olímpia aos prantos segurando o manto de João. – Não te deixarei, eu imploro, haverei de falecer... Deixa-me ir também... Deixa-me morrer contigo.

A multidão se emocionava diante da dor que ambos sentiam.

João estava trêmulo, mas precisava ser mais forte, a fim de amenizar o sofrimento de Olímpia.

– Filha! Evitemos maiores tormentos. A paz estará comigo. A simples lembrança de ti me servirá de bálsamo. Ah! Queria morrer agora para nascer de novo ao teu lado em um tempo mais justo! É melhor que não falemos muito. Jesus estará conosco.

Ela se agarrava aos braços de João, mas os guardas a tiraram dele à força, arrancando-a com brutalidade, segurando-a pela cintura, enquanto ela chorava, gritava e esperneava ao vê-lo levado para a morte.

Os olhares de ambos se cruzavam fixamente, até o momento em que a porta se fechou.

Cáritas abraçou-a, enxugando suas lágrimas com carinho e dizendo:

– Tudo tem sua hora. Crês em laços que a eternidade jamais dissipará?

– Sim, creio, mas nada me fará esquecer este momento. Não há mais vida nesta cidade, não há razão para viver.

– Ah! Filha, curva-te a uma vontade superior. Esforça-te e vencerás. Tens sido tão forte!

O INCÊNDIO

Enquanto João era arrastado pelos soldados para o destino fixado pelo imperador, um incêndio destruía o palácio episcopal e grande parte da igreja e do senado. Se não fosse a rápida ação de Alexandre, que chamou os guardas e auxiliou-os, apagando boa parte do incêndio, estaria tudo destruído. Enquanto assim agia, encontrou pelo chão um medalhão em forma de cruz e colocou-o em seu pescoço, junto ao que sua mãe lhe havia dado.

Alexandre não imaginava o significado daqueles dois objetos que simbolizavam aquele momento histórico: as lutas religiosas que estavam por vir diante da negação do Deus Sol e diante da busca do Cristo crucificado; as guerras que os homens travariam através do tempo em nome do orgulho das trevas, simbolizado por um sol, que em vez de raios luminosos possuía serpentes, e pela cruz bizantina, que lançava pontas confusas sobre a doutrina modificada pelos dominadores sem escrúpulos.

Os soldados que ali acorreram, logo imaginaram que era obra dos seguidores de João.

Olímpia foi acusada de incendiária pelo prefeito, diante de quem teve de comparecer para responder pela acusação. Por causa de suas palavras, imaginaram ser ela a causadora.

Enquanto estava sendo acusada, Cirilo apareceu repentinamente. Ele percebeu que seu plano não dera certo, pois ela logo confessou o crime:

– Fui eu quem ateou fogo! Eu sou uma criminosa. Levai-me com João.

Na intenção de separar para sempre João de Olímpia, Cirilo estava unindo-os, já que ela seria também condenada, indo com ele para o mesmo destino. Os guardas tentaram impedi-lo. mas ele insistiu. dizendo ter uma informação importante e vital.

Adentrou o tribunal, rompendo o cerco dos guardas e disse com voz forte e modificada:

– Nada fizeste, minha senhora. Fui eu o incendiário!

Olímpia virou-se assustada e falou:

– Não sejas tolo. Não és capaz de causar dor a um inseto.

– Estás enganada, senhora! Se pudesses enxergar a maldade humana, perceberias o quanto ela é imensa! Não há misericórdia no coração dos homens. A piedade é um sentimento desconhecido. Apenas tu...

– Silêncio! – interrompeu o juiz. – Já temos o culpado pelo crime. Prendam-no imediatamente, até que decidamos sua pena.

– Não! – disse Olímpia. – Eu vos imploro. Meu servo nada fez, apenas age assim para defender-me.

O juiz cochichou algo com um oficial e falou:

– O verdadeiro culpado só pode ser este homem. Tu não poderias estar em dois lugares ao mesmo tempo. Prendam-no! Está encerrado o julgamento. Guardas, tirai esta mulher da minha frente!

Cirilo foi preso, enquanto Olímpia, jogada na rua, tentava chegar aos portões da cidade o mais breve possível, a fim de ver pela última vez o bispo amado. Mas a multidão, revoltada, aglomerava-se ao redor da guarda. Os soldados usavam de força bruta. E quando percebeu que seriam muitos os feridos, João gritou:

– Meus amados, tende fé no Altíssimo! Eu voltarei. Enquanto isso, cuidado para que o sofrimento não vos abale. Retomai para vossas casas! No domingo estarei de volta na Basílica. Eu vos prometo.

Olímpia tentava romper a multidão, mas era impossível.

Logo João foi levado rumo à saída da cidade. Cáritas encontrou Olímpia, com esta notícia:

– Cirilo está à beira da morte. Como último pedido, roga falar-te.

– Cirilo? Meu Deus do céu! Por que tantos sofrimentos?

Cirilo estava no cárcere, sua consciência o perturbava. No momento em que o oficial foi trancá-lo na cela, tentou fugir, mas um guarda atravessou-lhe o estômago com uma lança.

Ao chegar, Olímpia encontrou-o com os olhos fixos no teto da cela imunda. Ainda estava vivo, como a implorar a Providência Divina em seu último instante. Ela abaixou-se e em uma atitude maternal, colocou a cabeça pálida de Cirilo em seu colo.

– Tu foste um tolo. Por que assim agiste?

Feliz por vê-Ia, ele falou entre gemidos:

– Foi um ato impensado. Talvez o único. Estou partindo, preciso que minha alma vá embora deste mundo sem carregar tantos pesares. Precisas perdoar-me... – Sua fala foi interrompida por golfadas de sangue que lhe subiam à garganta.

– Não fales! Nada tenho que te perdoar, porque nada fizeste. Hás de curar-te. Cavalgaremos juntos assim como quando éramos crianças.

– Sei que não, minha senhora. Sou um verme, o mais vil de todas as criaturas mortais. Preciso confessar-te para que possas livrar-me do imenso peso que carrego em minha alma atormentada.

– Confessar? Mas não sou um sacerdote!

– És mais que isso. Tu és uma Santa, és forte e os fortes sempre perdoam. Quem não perdoa são os fracos, como eu. Preciso confessar-te os meus erros, pois somente tu poderás livrar-me do inferno... Amei-te como um louco, mas nem Deus nem os homens quiseram que fosse assim... Mas o coração não diferencia servos de patrões, escravos de senhores, pagãos de cristãos... Enlouqueci, nunca aceitei minha condição de eunuco. O destino foi cruel e injusto comigo...

– Não fales mais, haveremos de curar-te! Chamarei Cáritas.

– Deixa-me desabafar, a fim de refrescar-te a memória. Teu marido foi morto por persas, mas de qualquer forma não retomaria à sua casa, pois o veneno fatal que preparei para seu vinho faria efeito até o fim do dia. Por causa dos efeitos maléficos causados pela erva que misturei à sua bebida, ele não conseguiu defender-se da espada inimiga.

– Meu Deus! – Olímpia soltou um grito, cruzando as mãos sobre os lábios. – Não posso acreditar no que ouço!

– Sim, eu o matei, sou um assassino!

– Que dizes, maldito! – Olímpia levantou-se assustada, desconhecendo aquele em quem tanto confiara cegamente.

– Perdoa-me, senhora. Tudo eu fiz por amor a ti. Vivi por ti. Oh! Mas eu já estava condenado. Há ainda mais.

– Mais? Como podes ser tão desprezível! Não pode ser verdade! Estás delirando por causa da perda de sangue. Confiava em ti como em um irmão!

– Eu preparei as ervas venenosas para tirar a vida do bom João...

– Jesus Cristo!

– Sim. Tenho a certeza de que tu o amas e ele te ama também. Infelizmente, depois da morte de uma inocente, começaste a experimentar de todo alimento que seria servido. Por isso, a última dose foi certeira. Não esperava, porém que a fé de muitos poderia reverter até mesmo a morte. Minha intenção não era matar. Contudo, não poderia suportar o fato de ver-te com outro. Sei que partirei deste mundo. Estou, no entanto, arrependido, perdoa-me... Perdoa-me, e eu irei em paz. Apenas isso eu te imploro!

– Perdoar-te? Somente Deus o poderá fazer.

– Perdoa-me, nobre senhora! Tem misericórdia!

– Não morras. Precisas viver para o arrependimento e perdão dos que prejudicaste! Eu, de minha parte, deixo-te livre.

– Perdoas-me?

– Tens o meu total perdão, meu querido! Neste mundo não poderás prejudicar mais ninguém. Que Deus tenha misericórdia de ti, meu doce amigo. Vai em paz. – E beijou-lhe a fronte.

Cirilo expressou um leve sorriso nos lábios pálidos e, num último suspiro, deixou pender a cabeça para o lado.

Alexandre, naquele momento, havia acabado de entrar e viu seu único irmão estendido, cadavérico. Uma lágrima rolou de seu rosto empedernido. Logo que Olímpia se virou e o viu, ele disse com voz cavernosa:

– Para vencer o mundo material é preciso não ser egoísta

nem cometer nenhum abuso. Foi por não saber amar a si mesmo que não sublimou o sentimento que nutria por ti.

Olímpia secou as lágrimas, limpou as mãos sujas de sangue, levantou-se e disse comovida:

– Seu sofrimento está terminando. O amor não escolhe, mas se escolheu a mim para amar, foi porque tinha certeza da impossibilidade.

– Ele era meu irmão – disse com tristeza Alexandre.

– Oh! Que trágico momento para vos unirdes. Sinto muito. Ele pensava que não tinha ninguém...

Quando, sem querer, Olímpia observou o peito de Alexandre, reconheceu o medalhão que João lhe dera:

– Perdoa-me, posso ver o medalhão? É bela esta cruz que trazes ao peito!

Alexandre explicou:

– Encontrei-a no chão do palácio enquanto tentava apagar o incêndio. Sei que meu irmão a carregava consigo.

Olímpia entristeceu-se ainda mais e concluiu:

– Com certeza, o pobre Cirilo, em seu louco ciúme, pegou-a em meus aposentos.

– Então, por favor, aceite-a de volta – disse Alexandre, retirando-a.

Não. Gostaria que ficasses com ela. Se Jesus a trouxe até ti, é porque assim Ele o quer. Que possas lembrar-te dele, amá-lo e compreendê-lo através deste simples objeto.

– Obrigado, senhora, aceito-a em lembrança de meu irmão, como carrego este outro em memória de minha mãe. Mas acredito estar ainda distante de tão grandioso ser.

Olímpia mirou-o e falou com firmeza:

– Se reconheces a grandeza de Jesus, já estás caminhando em direção a Ele. Que Deus te abençoe. Agora preciso correr. Adeus!

O dia chegava ao fim. Mas os acontecimentos, não.

Olímpia saía atônita da prisão e não conseguia ordenar seus pensamentos. Precisava providenciar um sepultamento para Cirilo. Não cobraria isso de Alexandre, que para ela não passava de um estranho.

Passou pela Basílica e pediu a uma de suas viúvas que providenciasse isso. Estava cansada, mas precisava continuar lutando. Tomou a rua em estado de oração e o chão sob seus pés começou a tremer. Imaginou que seu corpo é que se desequilibrava, como resultado de seu abatimento. Mas os tremores continuaram. O povo nas ruas começou a estranhar. De pequenos tremores, a terra passou a um abalo contínuo.

Em pânico, todos começaram a correr de um lado a outro. Logo uma multidão histérica estava nas ruas.

Um cidadão gritou em frente ao palácio:

– Deus nos castiga por termos permitido que um santo fosse injustiçado. A culpa é da rainha, que perseguiu João.

Uma mulher gritou também:

– E verdade! Se João não voltar, o Senhor destruirá nossa cidade! E todos nós pereceremos.

Olímpia foi procurar Arcádio:

– Majestade, eu sei que tens suportado humilhações. Também concordo com o fato de que as reações intempestivas realmente não levam a lugar algum e que violência atrai violência dobrada. Igualam nas ações os que querem convencer que não se deve agir com brutalidade, usando os mesmos métodos agressivos, como elevar a voz com a criança que grita, para ensinar-lhe a não se alterar; como agredir a criança que bate, para dizer-lhe que não se deve agredir; como tirar "legalmente" a vida de um assassino que matou, para convencê-lo e ao povo de que não se pode nem se deve matar! O que mata num desvario passional descontrolado e impensado seria pior que aquele que fria e deliberadamente manda assassinar o doente que se desvairou em nome da paz social? Concordo que sempre deve existir uma defesa capaz de evitar, com inteligência lógica e bom senso, qualquer condenação desumana. Por isso, Imperador, usa a razão – prosseguia Olímpia.

– Se não tens força, vá até o Papa. Não te envergonhas de condenar por crime um inocente? Agirás com covardia como agiu Pilatos diante do julgamento de Nosso Senhor Jesus Cristo? Lavarás as mãos?

Ao ouvir tais palavras, Arcádio empalideceu e perturbou-se. Percebeu que fora vítima de uma armação organizada por sua mulher. E decidiu que iria ter com Eudóxia e que João retomaria antes de raiar o dia.

Em seus aposentos, a imperatriz Eudóxia, aterrorizada ante os tremores das paredes de pedra, andava de um lado a outro desorientada. De repente parou e ordenou aos guardas da porta:

– Chamai Teófilo e os padres. Quem orará a Deus para que ele não nos castigue?

O oficial logo retornou, dizendo:

– Com licença, Majestade! Teófilo não se encontra mais na cidade. Fugiu agora há pouco, junto com Epifânio.

– Então chamai o novo bispo, o que colocaram no lugar de João.

– Perdão, mas também não o encontramos, Majestade.

Ante a informação dos guardas de que o imperador a procurava, Eudóxia esbravejou:

– Bando de inúteis! Eu não vou vê-lo. Dizei que também estou com medo do terremoto. Agora o povo está contra mim. Chamai o mago Alexandre! Quero consultar o Oráculo.

Logo o encontraram orando fervorosamente diante do corpo de Cirilo, que era levado para ser sepultado. Obedecendo ao chamado, não tardou a surgir na sala, trazendo debaixo do braço um baú de madeira.

– Mandou-me chamar, Majestade?

– Sim. Quero saber o que devo fazer.

– Queres saber se exilar João foi certo ou errado?

– Exatamente.

– Entoa a prece e oferece um sacrifício.

– Ora – gritou irritada. – Os servos estão enlouquecidos, e não tenho nenhum animal aqui por perto para retirarlhe o sangue. Não podes prosseguir sem isso? Os deuses nem vão perceber!

Alexandre lançou-lhe um olhar fulminante, dizendo:

– Ousas desafiar a ira dos deuses?! Retiro-me imediatamente. – E levantou-se.

– Espera! – disse Eudóxia. – Dá-me um punhal. Tenho sangue o bastante.

Após pegar o pequeno punhal, fez um corte na própria mão e obteve, sob alguns gemidos, o precioso sangue.

Entoou a prece e fez a pergunta, utilizando a ponta do punhal para fazer os riscos necessários. Então Alexandre ajoelhou-se e, sentando-se sobre os próprios calcanhares, abriu o baú, retirou de dentro o rolo de papiro e o desenrolou sobre um tapete.

Por um momento, a terra parou de tremer. A imperatriz saiu até o terraço e viu que todo o povo se aglomerava na praça.

A multidão orava e cantava em frente ao palácio.

Os abalos sísmicos retomaram, e ela correu a Alexandre.

– Já tens a resposta? Pois então, dize-me!

– O Oráculo de Delfos não erra, senhora. Ele diz: "A posteridade se lembrará de ti por teres condenado à morte um justo".

Nesse momento, entraram Olímpia e Arcádio. Este ordenou que Eudóxia retirasse sua queixa contra João, pois ele, o imperador, havia ordenado que o bispo retomasse ao seu posto, pelo bem da cidade.

Eudóxia estava assustada e, com um grito histérico, chamou o prefeito:

– Traze de volta o bispo João e prepara uma recepção triunfal. Pão e vinho para os famintos e pétalas de rosas à entrada daquele petulante!

Logo que João entrou em Constantinopla, a cidade parou de tremer. O povo comemorou cantando glórias e aleluias.

Olímpia, Cáritas e suas diaconisas foram recebê-lo.

Ao vê-la, ele abriu um sorriso espontâneo de felicidade.

Ela correu para seus braços, mas não pôde abraçá-lo. Ajoelhou-se e beijou-lhe a destra. Ele a levantou e estranhamente, diante do povo, abraçou-a, beijou-lhe os olhos úmidos de lágrimas brotadas da felicidade.

Os que ali estavam carregaram-no nos ombros e levaram-no até a Sé. O povo comemorou em três dias de festa.

João e Olímpia oravam todas as manhãs, tardes e noites e não mais foram vistos separados.

UNIDOS PARA SEMPRE

João, porém não se continha. Após irritar outras vezes a imperatriz, foi novamente exilado e não adiantou a pressão do povo. Foi conduzido a Cocusa, na Armênia, mas continuava a se comunicar por cartas com Olímpia. Habituados às perseguições, estavam mais fortalecidos. Depois da partida dele, Olímpia compartilhou a perseguição na qual estavam envolvidos todos os seus amigos. Foi presa e teve de pagar uma pesada multa.

Do cárcere ele escreveu-lhe:

"Necessita ter muita paciência quem se vê injustamente privado das riquezas, expulso do lar e da própria terra natal, exilado para um lugar de clima insalubre, acorrentado e encarcerado, coberto de insultos, injúrias e desprezo. Até mesmo a tranquilidade e a calma de Jeremias não poderiam resistir a essas provações. Apesar disso, nem mesmo tudo isso, nem a perda de filhos tão caros como o sangue do nosso próprio coração, nem a própria morte, nem o mais terrível de todos os males, segundo o raciocínio humano, são tão dolorosos de serem suportados quanto uma morte longe de ti." [29]

O papa Inocêncio interveio e fez com que João retornasse.

Mas os bispos haviam-se unido contra ele. Esta dicotomia teria consequências reais para sempre, no resto do mundo.

---

[29] O Sacerdócio. Petrópolis: Vozes 1979.

Mais um ano, e deu-se outra deposição. Desta vez, João ficou exilado numa região quase inacessível, a fim de evitar sua marcante influência, capaz de provocar um levante do povo.

Olímpia foi presa para se evitar que ela também influenciasse novamente o povo. Cáritas quis ir junto, mas Olímpia orientou-a a mudar-se para Cízico e aguardá-la.

Olímpia foi levada à presença de Optado, prefeito da cidade, que queria persuadi-la a manter-se em comunhão com Arsácio, usurpador do bispado. Mas Olímpia mostrou-se ser um partido muito duro para Optado, e por esta vez ela foi solta. Ficou muito doente durante todo o inverno, e, na primavera, foi exilada e se pôs a andar de um lugar para outro.

Pela metade do verão, foi trazida de volta a Constantinopla e novamente levada à presença de Optado, que a condenou a pagar outra pesada multa, por ter-se recusado a manter-se em comunhão com Arsácio. Tal multa era proposital e quase o equivalente ao que restava de sua riqueza.

Ático, sucessor de Arsácio, dispersou a comunidade de viúvas e donzelas que ela dirigia e pôs fim a todas as suas obras de caridade. A doença contínua, as injúrias infamantes e as perseguições se sucediam, uma à outra. João a confortava e a encorajava através das cartas que lhe enviava de seus diversos lugares de exílio, cartas que nos dão uma prova não só dos seus próprios sofrimentos, mas também dos dela.

A última carta que Olímpia recebera fora seu alento.

O mensageiro estava profundamente entristecido, e, entregando-lhe a carta, pôs-se a chorar.

Olímpia desenrolou o pergaminho, cuja data revelava o dia 14 de setembro do ano 407, e começou a ler.

"Alma de minha alma. Respondo-te a última carta em que tentastes sobrepujar-me o espírito elevando-me o ânimo e trazendo-me novas alegrias. Como estás acostumada com os sofrimentos, tens toda a razão de te alegrar, visto como, por teres vivido em perigo, percorreste o caminho que leva à conquista da coroa e dos lauréis. Todas as formas de doenças corporais têm sido muitas vezes mais cruéis e mais difíceis de serem suportadas do que muitas mortes. Nunca estiveste livre de doenças. Sempre estiveste assoberbada por injúrias, insultos e difamações e nunca estiveste livre de alguma nova tribulação. As lágrimas sempre foram tuas companheiras. Entre todas essas aflições, uma única é suficiente para encher tua alma de riquezas espirituais. Não posso deixar de te chamar de bem-aventurada. A paciência e a dignidade com que tens suportado teus sofrimentos, a prudência e a sabedoria com que tens conduzido muitos assuntos delicados, e a caridade que fez com que se colocasse um véu sobre a maldade de teus perseguidores, conquistaram tão grande glória e recompensa que, na outra vida, farão com que todos os teus sofrimentos deste mundo se pareçam leves e passageiros em comparação à alegria eterna".

Ao terminar de ler, Olímpia abraçou o papel contra o coração. Elevou uma fervorosa prece a Deus. Sofreu em silêncio. Sentia uma terrível sensação de isolamento e em suas orações dizia:

– Oh! Senhor Jesus. Agora percebo o quanto sofreste, pois mais difícil que compreender é ser compreendido.

O mensageiro disse-lhe:

– Enquanto era conduzido pelas tropas, de cidade em cidade, acolhido sempre por cristãos, foram-lhe faltando forças. Aliás, era propósito das tropas minar-lhe as forças, obrigando-o a caminhar constantemente.

Olímpia ouvia em prantos contidos. O mensageiro continuou:

– Ele não resistiu aos sofrimentos da longa viagem e aos maus tratos e castigos cruéis que os soldados lhe infligiram, a pedido da imperatriz. Quando chegou a Comana, no Ponto, assim que o pobrezinho entregou-me esta carta, elevou sua alma a Deus. Tinha fé, mas não resistiu à partida. O desgaste físico, além das forças humanas, levou seu organismo a sucumbir.

. *.*.*.

Enquanto João se desligava de seu corpo físico, um grupo numeroso e resplandecente de espíritos o aguardava. Lá estavam grandes sábios, inúmeros santos e heróis de outros tempos. Estava lúcido como jamais imaginara. Tudo graças à sua fé. Não demorou a perceber que tudo o que Orígenes havia dito estava se cumprindo à sua frente. Conforme imaginava, havia realmente um segundo plano, o extrafísico, o verdadeiro, a Casa do Pai com muitas moradas.

Sua mãe e seu pai vieram recebê-lo. Após um afetuoso abraço, deixou-se levar para o seio dos muitos amigos, reunidos por afinidade. A maioria deles, desconhecidos que ajudara com um prato de comida ou um agasalho, ou mesmo com uma palavra de conforto.

Logo viu Teodoro, Deodoro, Gregório, Basílio e tantos que o conheciam mas que ele próprio não sabia quem eram. Percebeu que eles o amavam. Gregório de Nissa o recebeu, dizendo:

– João, rejubilamo-nos por teu retorno a casa. Muito fizeste pela evolução dos pequeninos. O mundo o chamará "Crisóstomo", isto é, boca de ouro, pois falaste bem o que deverias falar, não calaste diante das hipocrisias. Usaste o dom da eloquência para derrubar as falsas verdades.

Ao que ele apenas respondeu:

– Tudo o que fiz foi pela glória de Deus.

Na Terra, a morte de João e os últimos acontecimentos haviam esgotado as forças de Olímpia. Entretanto, ela não se recolheu para descansar. Ao contrário, procurou continuar as obras que João havia começado e não pôde terminar. O povo não se conformava com a deposição de João, que havia dignificado a cidade. Em Olímpia viam a imagem de João.

Teófilo de Alexandria, em comunhão com a imperatriz, comemorava a vitória e já instalava em lugar do bispo o novo substituto, o bispo Arsácio.

No entanto, haveria de enfrentar a ira do povo. Se convencessem Olímpia provavelmente ela convenceria o povo. Porém, ela se recusou veementemente a entrar em comunhão com o sucessor Arsácio.

No calor das perseguições contra os partidários do bispo deposto, ela foi presa e confinada na cidade de Nicomédia.

Após sair, a fim de evitar mais pressões sobre ela, em 405 se retirou voluntariamente para Cízico, vindo a encontrar-se com Cáritas, que quase não a reconheceu, pois seu semblante estava desfigurado.

– É tu mesmo, minha amiga? Minha irmã, como estás? Entra!

– Agora estou bem, pois pude ter a certeza de que estás a salvo. O que fizeram a ti?

– Muito menos que a ti, que sofres duplamente por ti e por teus protegidos, que são inocentes perseguidos. Oh! Amiga, irmã, até hoje tens sido tão forte, tens suportado heroicamente tantos golpes!

– É melhor sofrer, fazendo o bem, do que fazer o mal. Pelo menos no bem se sabe que Deus está do nosso lado.

– Oh! Não queiras saber. Quando te deixei para cuidar de nossas virgens devotadas e viúvas, não imaginava que elas fossem uma a uma dispersas por todo o império. Algumas faleceram de desgosto profundo, outras, bem sabes, não eram portadoras de saúde bastante para suportar longas jornadas... – Percebendo que Olímpia se recostava nas almofadas, Cáritas insistiu:

– Olímpia, estás me ouvindo? Tens fome? Preparar-te-ei algo.

– Não tenho fome, só preciso dormir... Estou cansada – respondeu com voz rouca, como a de quem está adormecido. – Mas pergunto-te: que dia é hoje?

– Ora, acredito que seja domingo, minha querida!

– Em que ano?

– Que tens? Vejo que não te sentes bem! Estamos no ano 408 de nosso Senhor Jesus Cristo. Por quê?

– Faz tanto tempo que João se foi, não é mesmo? Meus pais se foram, Teodósia se foi, meus irmãos de fé se foram, todos se foram há tanto tempo...

– Não é tanto assim – respondeu Cáritas. – Os sofrimentos foram muitos e a saudade nos faz pensar que passou muito tempo.

– Onde será que ele está, Cáritas? Estará no Céu, ao lado dos anjos, arcanjos e querubins? Ou estará, como acreditam os judeus e seguidores de Orígenes, em um plano superior a este de onde nos observa e guia. Ou talvez esteja se preparando para reencarnar...

– Epa! – interrompeu Cáritas. – Esqueces-te de que não se pode falar essa palavra, sob pena de morte terrível. Mas quem sabe ele retomará como missionário do bem para livrar-nos da opressão e da ignorância? É melhor dormires um pouco. Eu vigio teu sono. Fecha os olhos e descansa. Deita um pouco.

– Fechar os olhos? – continuou com a voz cada vez mais baixa. – Por que fecharia os olhos se vejo luzes tão resplandecentes? Não vês, Cáritas? Ali, à nossa frente, quantas luzes semelhantes a minúsculas estrelas em movimento!

– Nada vejo, minha irmã – respondeu a outra, aguçando a visão para tentar ver alguma coisa.

– Há alguém vindo em meio às luzes – disse Olímpia com lágrimas nos olhos. – Vês, Cáritas?

E emocionou-se, estendendo as mãos, falando mais alto: – Quantos amigos, todos vivos, e também João. Ele veio nos buscar! Existe vida real do outro lado! Estou indo, luz dos meus dias, bálsamo para minhas dores... amor maior de minha alma!...

Nesse momento, deixou-se cair nos braços de Cáritas e expirou.

– Santo Deus!... Misericórdia! – exclamou Cáritas. Não compreendendo o que se passava.

A palidez cadavérica cobria o rosto de Olímpia, mas seus lábios delineavam um leve sorriso, há muito ausente em seu belo rosto.

Não era uma simples visão. Olímpia deixava o seu corpo repousar e sua alma finalmente encontraria guarita ao lado de quem tanto amava. Cáritas fechou-lhe os olhos e entoou uma prece fervorosa para que os anjos a levassem em paz.

– Vai, filha, segue teu caminho! Tens com certeza um bom lugar reservado nos orbes celestiais, pois tantos e irreparáveis desgostos não mutilam a alma purificada.

VERDADEIRA FELICIDADE

Ainda naquele ano, por causa das questões políticas que envolveram João e tantos outros, produziu-se um cisma entre o Oriente e o Ocidente. As igrejas nunca mais se uniram.

Eis que o pesadelo de João, ainda criança, fazia sentido quando viu em sonho o mundo ser separado em dois.

Rompeu-se para sempre a união entre Roma e Constantinopla[30]. Teófilo e Epifânio se retiraram para a solidão ante as ameaças do povo que pretendia massacrá-los como fez com o caçador de heresias treinado por Epifânio. Apenas um grupo de monges os aceitou, desde que se responsabilizassem pelo cuidado com as hortas, as vacas e as ovelhas. Assim, eles não tiveram outra opção. Nunca mais ninguém os viu falar em público.

Os outros imperadores, como Teodósio II, foram meros joguetes nas mãos de poderosos chefes militares. Ainda assim, o exército estava contaminado pela má qualidade de seus componentes, muitos dos quais bárbaros que, apesar de ousados e valentes, não se submetiam à tradicional técnica militar romana, que exigia um acurado preparo profissional.

Em Constantinopla, Alexandre fez sua última previsão:

---

[30] O Império do Oriente se manteve até 1453. O Império do Ocidente sucumbiu em 476 após inúmeras invasões.

Teodósio seria o último grande imperador romano.

Quando as migrações bárbaras se desencadeavam como um furacão sobre o Ocidente, o rompimento entre a Roma oriental e ocidental mais se acentuava.

Os bárbaros haviam atravessado o Danúbio inferior. A sagrada capital dos heróis haveria de se dividir para sempre em duas partes distintas: a grega e a latina, a oriental e a ocidental.

O mago Alexandre intuiu a tensão da cidade após a súbita e fatal doença de Eudóxia, cuja pele encheu-se misteriosamente de chagas mortais. Esta mandou chamá-lo para que a curasse com suas ervas. Ele se negou e ela mandou matá-lo.

Alexandre reuniu seus mais valiosos pertences e procurou um esconderijo fora do palácio. Perseguido, encontrou na Basílica uma câmara subterrânea em construção, paralela à adega. Em segurança, consultou o Oráculo para si mesmo e obteve a sinistra resposta sobre sua morte por afogamento naquele mesmo ano.

Enquanto se preocupava, foi descoberto por dois guardas de confiança da furiosa imperatriz.

– Ah! Eis o terrível feiticeiro! – disse um deles, o mais baixo.

– Para trás, senhores, se não quereis ter uma morte horrenda – disse Alexandre tentando sobrepujá-los.

– Eu não tenho medo de ti – disse o mais alto. – Conheço um modo de cumprir uma ordem sem me comprometer.

– Se me matardes, uma fúria incalculável cairá sobre vossas cabeças.

Eles se olharam e o mais baixo cochichou no ouvido do outro.

Num ímpeto, lançaram-se sobre Alexandre e tentaram amarrá-lo. Ele lutou bravamente com um e com outro, até que foi surpreendido por trás, com uma pedrada na cabeça, dada por um terceiro guarda. Caiu desmaiado e quase morto.

– Não deveis brincar com esse tipo de gente – disse Caio, que acabara de chegar ao local. – Preparem um túmulo egípcio, e ele nunca nos perturbará.

– E como é um túmulo egípcio? – perguntou o mais alto. Caio respondeu:

– Vamos colocá-lo em um baú, junto com seus pertences. Depois, pegaremos algumas pedras e massa, destas que estão sendo usadas para a reforma do Templo e faremos uma segunda parede onde o ar não possa entrar.

Assim eles fizeram. Colocaram Alexandre deitado no baú, abraçado aos seus pertences, entre eles os vários rolos que relatavam muitos acontecimentos sobre ele e seus contemporâneos, além do Oráculo, envolvido em uma bolsa de couro. Sobre o baú jogaram terra e construíram uma segunda parede muito discreta.

– Pronto, rapazes! Ele ficará aí para sempre. Ninguém jamais o encontrará. Vamos embora!

Não sabiam que, com a forte pancada, o mago já não mais vivia.

Durante muitos séculos, Alexandre se tornaria um guardião daquele sinistro lugar.

Em sua imensa bondade, não teve dificuldade em perdoar, tanto a Eudóxia, quanto aos guardas que tiraram sua vida.

Sentindo-se responsável por sua família, rogou misericórdia à Providência Divina. Em suas preces solicitava autorização para auxiliar sua mãe a se libertar das influências malévolas de espíritos infelizes que, ligados aos vícios, sugavam dela as forças vitais. Logo que ela teve consciência de seu estado, teve nova chance de reencarnar, mas sem a capacidade psíquica além do comum. Arrependida, buscou acelerar sua evolução através dos estudos e da prática da bondade. Juliano, que fora seu pai, não teve a mesma sorte. A ilusão em que vivia o escravizava, pois ainda se considerava no direito de usurpar o império. Estava em busca de seus algozes e, pensando ser ainda o imperador, influenciou negativamente muitos monarcas. Alexandre não se distanciou de Constantinopla enquanto Juliano estava perturbando os novos imperadores, o que permaneceu por sete séculos.

Quanto ao seu irmão Cirilo, pouco pôde fazer por ele, pois logo que este reencarnou em um físico perfeito, desencaminhou-se através da sensualidade e do desequilíbrio, manifestado pelo sensualismo numa fixação contínua, obsessiva, alucinante e perigosa. Adquiriu mais débitos, mas ainda luta por sua evolução.

Alexandre, através de sua imensa força de vontade e bondade, acelerou a sua evolução, a ponto de escolher o momento ideal para sua despedida do plano terreno. E junto com sua mãe, agora um espírito simpático e mais esclarecido, terminaria sua tarefa no orbe terrestre.

Retornaria como jornalista, e, em uma de suas viagens voltaria ao antigo Templo a fim de desvendar ao mundo acontecimentos ocultos durante tantos séculos.

Teodósio e Arcádio retomaram muitas vezes. Eudóxia, envergonhada diante da inegável reencarnação, não pôde mais escolher: reencarnou mais uma vez como mulher. Apesar de seus protestos e revoltas, terminou por se resignar em retomar em condição miserável, casada com Arcádio, sendo submissa mãe de dez filhos, todos espíritos revoltados contra suas vítimas, dos quais ela deveria conseguir o perdão, com seus cuidados de mãe amorosa. Dentre eles um com deficiência física, que era Eutrópio.

Tanto no plano espiritual como no dos reencarnados, doze legionários da paz influenciaram imensamente o progresso de todos os povos terrenos. Entre esses doze estavam Orígenes, Helena, João, Olímpia, Cáritas, Gregório Nazianzo e Gregório de Nissa, Basílio, Anfilóquio, Teodoro, Deodoro e Ambrósio. Uma equipe celestial empenhada em acelerar o progresso moral e intelectual da humanidade terrena.

Após longo tempo trabalhando para que o progresso se instalasse nas mentes humanas, eles retornam ao seu posto, junto aos espíritos superiores que os encaminharam para diminuir as injustiças cometidas por religiosos ortodoxos que não hesitavam em matar a fogo e ferro quem não se coadunasse com suas ideias.

Depois de ter passado a fase obscura da Idade Média e após terem resplandecido as comunicações espirituais que iluminaram as mentes dos homens mais cultos em toda a Terra, Vinícius, o dirigente superior, chamou João e Olímpia e lhes disse:

– É chegada a hora. O terreno já foi preparado. Muito sangue foi derramado e o progresso moral nasceu, banhado dos mais diversos sacrifícios. A Humanidade está evoluindo. Um novo milênio se faz na Terra. Deveis vos preparar. Juntos, ireis com a bela, mas difícil missão de acelerar o Cristianismo sem dogmas religiosos ou discussões polêmicas sobre as diferentes visões acerca do Cristo. Agora nossos irmãos estão preparados para compreender verdades mais profundas.

João e Olímpia, profundamente agradecidos, alegraram-se. João solicitou:

– Se nos permites, gostaria que não nos demorássemos muito a nos conhecer. A saudade será insuportável.

– Certamente – respondeu Vinícius, – logo se encontrarão no plano carnal. Cuidaremos para que isso aconteça. Dependerá de vós evitar os erros, buscando pessoas erradas.

– E como saberemos?

– Sabereis quando vos encontrardes e querereis imediatamente permanecer juntos, mesmo sendo de religiões diferentes.

Uma expressão de preocupação se fez em seus semblantes.

– Religiões diferentes? – perguntou João.

– Não vos preocupeis com tais detalhes. Bem sabeis que encontrareis um mundo com mais de vinte e duas mil denominações religiosas. Estejais atentos para que o ceticismo não vos separe. Que a bondade faça parte dos vossos atos diários e que estejais abertos a todas as formas de manifestação de amor a Deus.

Um detalhe: os inimigos do passado não terão acesso a vós, pois o virtuoso amor que vos unirá formará uma redoma protetora. Basta que não vos desvieis do caminho reto, sempre em direção à luz de Cristo.

– Iremos para um mosteiro? – perguntou João.

– Obviamente não havereis de repetir o que já foi aprendido profundamente com equilíbrio. Casar-vos-eis e tereis filhos.

Eles se entreolharam, emocionados.

– Tudo será conforme a Vontade Divina. Vossos filhos estarão em sintonia com a sagrada tarefa, pois sempre estiveram convosco. Muitos desejam o convívio ao vosso lado, mas na Criação, tudo é perfeitamente calculado pela espiritualidade maior.

– Podemos saber quem são e quantos serão? – perguntou Olímpia.

– Teodósia, muito próxima a ti, e Teófilo, sempre em sintonia com João, foram requisitados para tal posto, mas ainda estão em missão, tentando resgatar das tormentas inferiores um grupo, do qual fazem parte Cirilo e Eudóxia, que deverão reencarnar pela quarta vez, sem que façam parte de vosso convívio. Quando retornarem, vós já estareis na Terra.

Ambos se iluminaram de radiante felicidade. O mentor continuou:

– Devo advertir-vos que pela contagem dos anos terrenos já se passaram alguns séculos. Encontrareis um mundo menos bárbaro, porém mais astuto, bastante avançado intelectualmente, mas ainda atrasado moralmente. Muitos inimigos das verdades imutáveis já foram e retornaram, porém ainda havereis de vos encontrar com alguns milhares que ainda estão arraigados à semente da ignorância, que germina em egoísmo, orgulho e vaidade.

Não temais, pois serão todos reverentes ao amor que vos unirá. Como soubestes utilizar bem os recursos materiais que foram dados, revertendo-os em auxílio ao próximo, uma significativa fortuna material estará ao vosso dispor desde o nascimento a fim de que outros irmãos possam igualmente usufruir vossa boa e justa administração e assim possam vislumbrar a bondade como ela deve ser. Como estais cientes, na Terra o mal sempre tenta avançar contra o bem, mas não há força que resista a um verdadeiro amor no caminho para a vida eterna.

João e Olímpia perceberam a seriedade de suas responsabilidades. O mentor concluiu:

— Mesmo que a cruz tenha sido invertida e transformada em espada, Nosso Senhor Jesus Cristo jamais desamparou as ovelhas que o Pai lhe confiou...

Após esta decisão que os deixou reluzentes de satisfação, foram se preparar para o retorno ao plano físico sob a sublime coordenação dos instrutores espirituais, que os dirigiram para a câmara de adaptação reencarnatória, onde uma numerosa falange aguardava ansiosa o momento da encarnação.

O ministro da câmara, antes que eles adentrassem o túnel repleto de fagulhas de luzes multicoloridas, esclareceu-lhes em especial:

— A cruz outrora desprezada não mais será um instrumento de poder implacável usado em nome da fé homicida na era das trevas, mas a expressão máxima da caridade, da humildade e do verdadeiro amor aos inimigos em seu sentido mais sublime. As mentes brilhantes renascerão em todos os recantos da amada Terra, não em glórias humanas transitórias, mas em júbilo espiritual. Renascerão a cada dia em Perfeição Divina, desde a superfície da majestosa crosta até as esferas infinitas, além dos homens e do tempo. O clarão da voz do Cristo irradiará qual o som incomparável de uma orquestra celestial triunfante de mil anjos resplandecentes. O amor será a regra e o mal se dissipará da alma humana por toda a eternidade.

De longe, Vinícius os observava e, após trocar com o casal um último pensamento simpático, emitiu uma reflexão para si mesmo:

— Não sabem eles que serão pilares importantes na tentativa de impedir que a segunda idade das trevas se instale no seio da humanidade terrena entre os anos de 2000 e 2500, uma vez que diversas religiões se fortalecerão e tentarão suprir as demais.

Depois, elevou-se e desapareceu no espaço infinito.

A Joia da Galileia

A Joia da Galileia retrata um dos períodos mais importantes da história da humanidade: o surgimento do Cristianismo, fato que permanecerá eternamente marcado em nossos espíritos como prova de que os homens caminham, inexoravelmente, para a felicidade maior ao encontro de Deus.

Impressão e Acabamento